LA SOLUCIÓN DEFINITIVA AL SOBREPESO

RECETARIO

Dr. Phil McGraw

La solución definitiva al sobrepeso
Recetario

Retoma el control de tu vida
y pierde el peso que te sobra

AGUILAR

Título original: *The Ultimate Weight Solution Cookbook*

Publicado originalmente por Free Press

Traducción: Fernando Elías Álvarez del Castillo

Copyright © Phillip C. McGraw, 2004

De esta edición:
D. R. © Santillana Ediciones Generales S.A. de C.V., 2005.
Av. Universidad 767, Col. del Valle
México, 03100, D.F. Teléfono (55) 54207530
www.**aguilar**.com.mx

Distribuidora y Editora Aguilar, Altea, Taurus, Alfaguara, S. A.
Calle 80 Núm. 10—23, Santafé de Bogotá, Colombia.
Santillana Ediciones Generales S.L.
Torrelaguna 60—28043, Madrid, España.
Santillana S. A.
Av. San Felipe 731, Lima, Perú.
Editorial Santillana S. A.
Av. Rómulo Gallegos, Edif. Zulia 1er. piso
Boleita Nte., 1071, Caracas, Venezuela.
Editorial Santillana Inc.
P.O. Box 19—5462 Hato Rey, 00919, San Juan, Puerto Rico.
Santillana Publishing Company Inc.
2043 N. W. 87th Avenue, 33172. Miami, Fl., E. U. A.
Ediciones Santillana S. A. (ROU)
Constitución 1889, 11800, Montevideo, Uruguay.
Aguilar, Altea, Taurus, Alfaguara, S. A.
Beazley 3860, 1437, Buenos Aires, Argentina.
Aguilar Chilena de Ediciones Ltda.
Dr. Aníbal Ariztía 1444, Providencia, Santiago de Chile.
Santillana de Costa Rica, S. A.
La Uruca, 100 mts.Oeste de Migración y Extranjería, San José, Costa Rica.

Primera edición: mayo de 2005

ISBN: 970-770-171-4
D. R. © Adaptación de cubierta: Antonio Ruano Gómez
Diseño de interiores: mancaso, servicios editoriales (mancaso3@prodigy.net.mx)
Impreso en México.

Este libro está dedicado a las millones de personas que están utilizando *La solución definitiva al sobrepeso* y combatiendo la epidemia de obesidad en Estados Unidos, una vida a la vez.

Índice

Primera parte: Para comenzar

Segunda parte: Las recetas

Agradecimientos

La cruzada para combatir la obesidad en Estados Unidos ha sido mi pasión. Mientras más información pueda poner en tus manos para ayudarte a asumir el control de tu peso, más probabilidades tendrás de liberarte de las dietas, como lo has estado deseando. Cuando decidí escribir este libro, reuní el mejor equipo de colaboradores cuyo talento y conocimiento podrían ayudarme a crear más herramientas para tu trayecto hacia la salud y el bienestar.

Gracias a la doctora Maggie Robinson, la asesora en nutrición más destacada de Estados Unidos en la actualidad. Tu insuperable conocimiento de la ciencia de la nutrición ha sido un activo invaluable no sólo para mí, sino también para el incalculable número de lectores que han logrado su meta de encontrar *La solución definitiva al sobrepeso*.

Gracias a Judy Kern, Gerente de Proyecto, por ser guardián inquebrantable del plan. Tu compromiso por hacer las cosas bien ha hecho que este libro sea más sabroso.

Gracias a Bruce Weinstein y Mark Scarbrough por su dedicación a la innovación, compilación y prueba de mis recetas favoritas.

Mi agradecimiento también se extiende a Dominick Anfuso por sus esfuerzos incansables para crear un libro de cocina tan bello como útil para sus lectores. Es verdad que la belleza se encuentra en la mirada de quien observa, y Dominick: ¡Tu vista es aguda!

Introducción

Mientras más herramientas ponga en tus manos para ayudarte a administrar tu peso, mejor trabajo harás al desarrollar una vida definida por la salud y la vitalidad. Ahora, con *La solución definitiva al sobrepeso: Recetario*, tienes la más reciente de las herramientas diseñadas para ayudarte a mejorar tu manera de comer, lograr un peso más saludable, sentirte mejor y experimentar mucha más energía; y hacer que todos esos cambios queden para el resto de tu vida.

Millones de ustedes han dado ya los primeros pasos en esa dirección al adquirir *La solución definitiva al sobrepeso: Siete claves para alcanzar tu peso ideal*, y su complemento, *La solución definitiva al sobrepeso: Recetario*. Todo en esos dos libros te prepara y capacita para emprender la tarea de cambiar tu estilo de vida, y convertirte en la persona sana y en forma que debes ser, y en última instancia, sacar mayor provecho de tu vida y de todo lo que tienes que dar.

Desde que fue publicada *La solución definitiva al sobrepeso*, me he sentido inspirado por los resultados sostenibles que la gente está logrando en lo que se refiere a administrar su peso y gozar de mejor salud. En promedio, los resultados que provienen de aprender y aplicar las siete claves han producido importantes pérdidas de peso.

Sin embargo, hay mucho más en esa historia que lo anterior. Mientras las cifras del peso de la gente han decrecido de manera constante semana tras semana, también se han reducido otras cifras importantes que incluyen el nivel de colesterol LDL y los niveles de triglicéridos, la presión sanguínea y el azúcar. Estas cifras, que antes eran indicativas de una salud en declive y una entrada temprana al cementerio, comienzan ahora a reflejar la energía de la salud renovada.

Conforme las personas se apropiaron de las siete claves y las convirtieron en una parte integrante de su propio ser, comenzaron a vivir una nueva vida con cimientos sólidos como la roca, que ninguna decepción o cambio de circunstancias será capaz de destruir. Se trata de personas que afrontaron la realidad para sí mismos. No lo lograron mediante sus intenciones o su fuerza de voluntad, sino mediante la acción, el valor y el compromiso.

Si la tuya es una de esas historias de éxito, estoy muy emocionado por ti y por tu logro. Si no lo es —si estás pasando apuros con otra dieta— entonces hoy mismo, en este preciso momento, permite que las palabras contenidas en estas páginas se conviertan en un llamado de alerta, porque no quiero que pases una hora más o un día más ahogada en el sufrimiento o encaminada a más de lo mismo. Hoy mismo puedes comenzar a lograr la diferencia en tu vida. Todo lo que tienes que hacer es abrir tus manos, asir firmemente todas las herramientas a tu disposición, incluyendo este libro de cocina, y utilizarlas.

Te confieso que, con excepción de encender el fuego para mis parrilladas (se trata de un requisito básico para los tejanos, dominar el arte de la parrillada al aire libre), yo no cocino mucho. De manera que, para escribir *La solución definitiva al sobrepeso: Recetario*, reuní un equipo innovador y experimentado de expertos culinarios y nutriólogos para desarrollar estas recetas, muchas de las cuales están inspiradas en los platillos favoritos de nuestra familia. Este destacado equipo colaboró conmigo y con Robin, mi esposa por 28 años, y reunió algunas de las comidas más sanas y deliciosas que fue posible. Juntos pusimos a prueba cada receta para asegurarnos de que tuviera muy buen sabor y ofreciera nutrición de alto nivel que pueda ayudarte a administrar tu peso y devolver la salud y la vitalidad a tu vida.

Si has tomado la decisión de cocinar platillos más ligeros, sanos e inteligentes este año y en los años por venir, has llegado al lugar correcto. Las recetas de este libro, que fueron diseñadas para funcionar de acuerdo con los planes de alimentación de *La solución definitiva al sobrepeso: Siete claves para alcanzar tu peso ideal* y *La solución definitiva al sobrepeso: Recetario,* utilizan una amplia variedad de alimentos integrales, ricos en nutrientes, que dirigirán tu peso y tu salud hacia una dirección mejor. Con estas recetas producirás comidas con mejor sabor y menor costo, y evitarás la sobrecarga de carbohidratos refinados, grasas saturadas, sal y azúcares que están arruinando tu figura y tu salud.

Al mismo tiempo, estas recetas están tan llenas de sabor que están destinadas a convertirse en el estándar de tu repertorio alimenticio. Éstas serán nuevas bienvenidas si te has aburrido de la selección de alimentos sanos y por esa razón has abandonado tu esfuerzo por controlar tu peso. Cada receta está diseñada para ayudarte a tener éxito al mantener tu peso en línea sin tener que renunciar a los sabores que amas.

No encontrarás recetas que te esclavicen a la cocina durante horas interminables, porque en el mundo acelerado de la actualidad parece haber cada vez menos tiempo para la preparación de los alimentos. Nuestras recetas demandan un mínimo de tiempo para su preparación, de manera que podrás pasar menos tiempo en tu cocina.

Tampoco encontrarás los platillos ligeros de dieta que tienen el sabor del pegamento para papel tapiz. Yo quería que las recetas contenidas en este libro no sólo fueran nutritivas sino también capaces de hacerte sentir satisfecha, con platillos que tú querrías preparar y disfrutar una y otra vez.

Un error que conduce al fracaso, que muchas personas cometen cuando deciden perder peso, es preparar una comida (la comida de dieta) para sí mismos y una comida totalmente diferente para sus familias, tendiente a la gordura. ¡Qué inconveniente y ridículo resulta lo anterior! Por no decir que es contraproducente para sus familias. Puedo apostar que si tú lo has hecho, te has sentido tentada la mayor parte del tiempo, tan sólo por tener que manejar y preparar cosas que probablemente no deberían estar en tu cocina, al punto de que sucumbes a la tentación, pones cara de "qué sentido tiene" y terminas por comer con todos los demás. Y así vuelves al punto de partida, al fracasar en otro intento de perder peso.

Esa clase de conducta tendiente al fracaso termina en este punto, y termina ahora mismo. Nuestras recetas han sido creadas para que las disfrute toda tu familia, sin importar que necesiten perder algunos kilos. Ya nunca más tendrás que preparar una comida para ti y otra para el resto de tu familia. No, estas comidas son para todos. Cuando las conviertas en parte de tu cocina cotidiana, estarás cuidando de ti misma de manera simultánea cuidarás a tus hijos, tu cónyuge y todos aquellos a quienes amas.

Como he dicho con frecuencia, tú no *necesitas* perder peso o volverte más sana, sino que *lo merece*. Al utilizar los libros de *La solución definitiva al sobrepeso* como guía, ahora tienes una de las mejores oportunidades que tendrás jamás de perder peso. Se trata de una buena oferta: tener la oportunidad de mejorar tu vida. Pero permíteme repetir, en aras de hacer énfasis: no estoy diciendo que *necesites* hacerlo, sino que *lo mereces*. Mereces algo mejor para tu vida, y este es el momento de conseguirlo. Permíte que estos libros te impulsen en tu viaje hacia la obtención de la libertad respecto a la pérdida de peso.

Es mi esperanza, y la esperanza de Robin, que este libro de cocina se convertirá en un recurso bienvenido en tu hogar para preparar comidas nutritivas, saludables y deliciosas que tú y tu familia puedan disfrutar tanto hoy como en el futuro. Conforme pases estas páginas te invitamos a compartir con nosotros algunos de nuestros alimentos favoritos y nuestra manera favorita de prepararlos. Así que de nuestra cocina —y nuestro hogar— a la tuya... ¡Que lo disfrutes!

DR. PHIL Y ROBIN McGRAW

PRIMERA PARTE

Para comenzar

Cocinar a la manera de La solución definitiva al sobrepeso

Escucha, tú puedes ponerte en forma en los meses venideros, pero tienes que ser diferente y hacer cosas diferentes, incluyendo la manera en que cocinas. Al principio puede ser difícil, de hecho se trata de un desafío, vencer la fuerza de cualquier costumbre, y los viejos hábitos de cocinar no son la excepción. Cuando pienses acerca de tus propios hábitos al cocinar, tales como freír los alimentos, hornear los postres y cocinar con mucha grasa y azúcar, y cuando aprecies la manera en que están perpetuando tu problema de peso, comprenderás que necesitas deshacerte de esos hábitos, que necesitas cambiarlos.

El cambio al cocinar puede ser tan simple como realizar algunas sustituciones de los ingredientes, aprender cómo utilizar las especias y los sazonadores de manera diferente, o cambiar tus métodos de cocina de manera que se requiera de menos grasa o azúcar. Conforme obtengas mayor conocimiento sobre la nutrición, descubrirás que todavía puedes cocinar tus recetas favoritas, en tanto estés dispuesta a realizar ajustes pequeños y sutiles en la manera en que haces las cosas. Lo más importante es que debes ajustar tu conducta con el fin de que estés dispuesta a poner a prueba nuevas técnicas, dejando atrás lo viejo y lo conocido. Este libro de cocina estará a tu disposición para guiarte con el fin de lograrlo.

Una vez que adoptes una manera completamente nueva de cocinar, una manera que te ponga en control de tu peso, en lugar prominente de tu lista de prioridades —puedes llamarla *tu nueva pista de carreras*— esta manera más sana de cocinar se convertirá en una parte integrante de la imagen total de tu salud y de tu estilo de vida. De hecho, comenzarás a preguntarte por qué no comenzaste a cocinar de esta manera hace mucho tiempo. Así que promete ahora que tu peso y tu salud te importarán lo suficiente para hacer esto, ¡Y hazlo bien!

Alimentos que debes procurar: Costo de respuesta alto, comida de beneficios altos

Las recetas creadas para ti en este libro de cocina fueron diseñadas en función de alimentos de alta densidad nutritiva y capaces de satisfacer el hambre, a los que me refiero como alimentos de costo de respuesta alto y beneficios altos. Gran respuesta significa que el esfuerzo que tú haces, o *la respuesta* que se requiere para preparar, masticar e ingerir estos alimentos es grande, mientras que la cantidad de calorías —aunque saludable— es baja.

Los alimentos de costo de respuesta alto demandan más tiempo para comer, y por lo tanto fomentan comer más despacio (un hábito positivo que es importante para lograr el control del peso a largo plazo). Estos alimentos son *supresores del hambre*, lo que significa que producen *satisfacción*, el sentimiento de saciedad normal que buscas obtener de la comida. Desde la perspectiva del manejo del peso, los alimentos de gran respuesta y alto rendimiento apoyan el cambio de la conducta. Propician mejores hábitos alimenticios, tienen gran capacidad para satisfacer, reducen los antojos y el hambre, y derrotan la alimentación impulsiva.

¿Cuáles son algunos ejemplos de alimentos de costo de respuesta alto? En general, incluyen las frutas frescas y los vegetales, los granos enteros, las proteínas sin grasa, los productos lácteos, y los aceites y grasas saludables. Pongamos por ejemplo una manzana. Es fibrosa y demanda mucha masticación y esfuerzo de tu parte para ingerirla. Y está tan retacada de fibra que impide que tu estómago se vacíe demasiado rápido.

La mayoría de los alimentos de costo de respuesta alto también suelen ser alimentos de beneficios altos. *Los alimentos de alto rendimiento* son aquellos que proporcionan muchos nutrientes

en forma de carbohidratos, proteínas, grasa, vitaminas, minerales, fibra, fitonutrientes y otros
componentes alimenticios, en relación con la cantidad reducida de calorías que contienen.

Busca la manera de incluir alimentos de costo
de respuesta alto y comida de beneficios altos en tu
dieta cotidiana e incrementarás tus oportunidades
de éxito. (Para ver una lista de todos los alimentos
de costo de respuesta alto y de benficios altos que
puedes disfrutar en mis planes de comida, consulta
*La solución definitiva al sobrepeso: Siete claves
para alcanzar tu peso ideal.*)

Alimentos que debes limitar o evitar: Costo de respuesta bajo, comida de benficios bajos

Si deseas comenzar a perder kilos, existe una
categoría de alimentos que debes limitar o evitar del todo: los alimentos de respuesta limitada
y de bajo rendimiento. Se trata de alimentos que
demandan muy poco esfuerzo, o *respuesta* de
tu parte para comerlos. En términos sencillos,
son alimentos que simplemente tragas; de ingestión rápida, demasiado convenientes, requieren poca o ninguna preparación de tu parte. La
comida chatarra, los dulces, los alimentos de
conveniencia y cierta "comida rápida" son ejemplos de alimentos de costo de respuesta bajo y
beneficios bajos.

Consentirte con alimentos de costo de respuesta bajo y beneficios bajos pueden catapultarte hacia el sobrepeso y potencialmente a la obesidad porque conducen a una cantidad considerable de sobrealimentación incontrolable e irracional. Cuando eliminas o reduces este tipo de alimentos, la administración de tu peso se vuelve más sencilla y requiere de menos vigilancia sobre lo que comes y la manera en que comes.

La mayoría de los alimentos *de costo de respuesta bajo* son también alimentos *de beneficios bajos*. Eso significa que proporcionan muy poco en lo que se refiere a la fibra y a la buena nutrición, con una enorme cantidad de calorías retacadas en una cantidad muy pequeña de comida. Lo que es más, se trata de alimentos procesados y refinados; es decir, han sido alterados de alguna manera que se les ha despojado de su carácter nutritivo al extraer la fibra y otros nutrientes. Es posible que estos alimentos hagan que tu cuerpo se sienta tan desequilibrado desde el punto de vista físico que, como consecuencia, a menudo experimentes fatiga y baja energía.

Uno de los aspectos más perniciosos de los alimentos de costo de respuesta bajo y beneficios bajos es que *conducen al hambre*. Estos alimentos no te mantienen satisfecha por mucho tiempo y hacen que tengas más hambre después. He aquí la razón: los ingieres tan rápidamente que las señales que utiliza tu cuerpo para dejar de comer no tienen tiempo de ser asimiladas. Así que sigues comiendo más y más hasta que has comido más allá del punto de satisfacción, y el hecho desafortunado es que te has sobrealimen-tado con grasa y calorías innecesarias. (Para ver una lista de alimentos de costo de respuesta bajo y beneficios bajos consulta *La solución definitiva al sobrepeso: Siete claves para alcanzar tu peso ideal.*)

Un plan de tres etapas para liberarte de los problemas de peso

Para aquellos de ustedes que no han leído aún *La solución definitiva al sobrepeso: Siete claves para alcanzar tu peso ideal* o *La solución definitiva al sobrepeso: Recetario,* o para quienes los están leyendo ahora, deseo proporcionarles un panorama general del plan de nutrición propuesto en esos libros, dividido en el nivel cotidiano en lo que se refiere a qué comer y cuándo comer. Esta no es una dieta pasajera que te niegue la satisfacción de comer —la cual constituye una de nuestras motivaciones básicas—, por el contrario. Tampoco requiere seguir una dieta inhumana. Dado que incluye una amplia variedad de alimentos de costo de respuesta alto y beneficios altos, este plan proporciona tres etapas factibles y sostenibles para eliminar el peso y no volver a obtenerlo.

Primera etapa: El plan de inicio rápido

Para comenzar debes seguir este plan de catorce días, basado en el control de las calorías y la modificación de carbohidratos, que ayudará a que tu cuerpo se prepare para la pérdida acelerada de peso, te desintoxique del azúcar y los carbohidratos refinados, y acondicione las preferencias de tu gusto para aceptar alimentos más sanos. Adicionalmente, la pérdida de peso que logres en sólo catorce días te proporcionará la confianza que necesitas para pasar a las siguientes dos etapas y lograr el resto de lo que necesitas hacer. El siguiente es un día típico en el plan de inicio rápido:

Desayuno	1 porción de proteínas (huevo, claras de huevo, jamón de pavo magro, tocino de pavo).
	1 carbohidrato feculento (cereal de grano integral o de alto contenido de fibra)*.
	1 fruta (trozo de fruta fresca).
	1 alimento lácteo bajo en grasas (leche ligera, baja en grasas, o de soya; yogur bajo en grasas, sin azúcar).
	1 bebida sin calorías (café, té).

En el caso de los hombres, añadir 1 carbohidrato feculento en la comida o la cena.

Comida	1 porción de proteína (carne magra, pescado, pollo, o proteína vegetariana como tofú, legumbres o productos de soya). 2 vegetales no feculentos (vegetales de ensalada, brócoli, coliflor, ejotes, vegetales de hoja en cantidades prácticamente ilimitadas). 1 fruta (trozo de fruta fresca). 1 alimento lácteo bajo en grasas (leche ligera, baja en grasas, o de soya; yogur bajo en grasas, sin azúcar). 1 bebida sin calorías (café, té).
Cena	1 porción de proteína (carne magra, pescado, pollo, o proteína vegetariana como tofú, legumbres o productos de soya). 2 vegetales no feculentos (vegetales de ensalada, brócoli, coliflor, ejotes, vegetales de hoja en cantidades prácticamente ilimitadas). 1 grasa (1 cucharada de cualquier grasa saludable como aceite de oliva, aceite de canola, o dos cucharadas de un aderezo de ensalada bajo en grasas, por ejemplo). 1 bebida sin calorías (café, té).
Bocadillos	Fruta fresca entera, si no se ingirió en alguna de las comidas. Producto lácteo bajo en grasas, si no se ingirió en alguna de las comidas. Vegetales crudos.

Segunda etapa: El plan de costo de respuesta alto y beneficios altos para perder peso

La segunda etapa crea un mayor control del metabolismo de manera que tu cuerpo utilice más calorías para obtener energía y almacene menos calorías como grasa. Esto se debe a que los alimentos que ingerirás son bajos en azúcar y carbohidratos refinados, en contraposición a los alimentos ricos en grasa y azúcar que tienden a promover el aumento de peso cuando son consumidos en exceso. Al evitar los carbohidratos malos, como los alimentos dulces procesados, obtienes una tremenda ventaja en el manejo de tu peso. A continuación describimos un día típico de la segunda etapa:

Desayuno	1 porción de proteínas (huevo, claras de huevo, jamón de pavo magro, tocino de pavo).
	1 carbohidrato feculento (cereal de grano integral o de alto contenido de fibra, pan integral de trigo, rollo o panecillo)*

En el caso de los hombres, añadir 1 carbohidrato feculento en la comida o la cena.

1 fruta (trozo de fruta fresca, 1/2 taza de fruta enlatada en agua o jugo, 1 taza de jugo de fruta sin endulzante, o una porción de fruta fresca)*

1 alimento lácteo bajo en grasas (leche ligera, baja en grasas, o de soya; yogur bajo en grasas, sin azúcar).

1 bebida sin calorías (café, té).

| Comida | 1 porción de proteína (carne magra, pescado, pollo, o proteína vegetariana como tofú, legumbres o productos de soya). |

1 porción de proteína (carne magra, pescado, pollo, o proteína vegetariana como tofú, legumbres o productos de soya).

2 vegetales no feculentos (vegetales de ensalada, brócoli, coliflor, ejotes, vegetales de hoja en cantidades prácticamente ilimitadas).

1 carbohidrato feculento (arroz u otro tipo de grano entero, pan integral de trigo o galletas de trigo, papa o camote, frijoles y legumbres).

1 fruta (trozo de fruta fresca, 1/2 taza de fruta enlatada en agua o jugo, 1 taza de jugo de fruta sin endulzante, o una porción de fruta fresca)*

1 alimento lácteo bajo en grasas (leche ligera, baja en grasas, o de soya; yogur bajo en grasas, sin azúcar, queso bajo en grasa).

1 bebida sin calorías (café, té).

* *Consulta la* "Guía de alimentos" *de* La solución definitiva al sobrepeso: Siete claves para alcanzar tu peso ideal *en relación con el tamaño correcto de las raciones de fruta fresca.*

Cena	1 porción de proteína (carne magra, pescado, pollo, o proteína vegetariana como tofú, legumbres o productos de soya).
	2 vegetales no feculentos (vegetales de ensalada, brócoli, coliflor, ejotes, vegetales de hoja en cantidades prácticamente ilimitadas).
	1 grasa (1 cucharada de cualquier grasa saludable como aceite de oliva, aceite de canola, o dos cucharadas de un aderezo de ensalada bajo en grasas, 1 cucharada de nueces o semillas).
	1 bebida sin calorías (café, té).
Bocadillos	Fruta fresca entera, si no se ingirió en alguna de las comidas.
	Producto lácteo bajo en grasas, si no se ingirió en alguna de las comidas.
	Vegetales crudos.

Tercera etapa: Mantenimiento definitivo

Una vez que has alcanzado tu peso ideal, puedes liberalizar el número de raciones de alimentos que consumes, tomados principalmente de la lista de alimentos de costo de respuesta alto y beneficios altos. Utiliza las siguientes medidas para ayudar a la planificación de tu comida.

⊖ Proteína y sustitutos de proteína: 3 raciones.

⊖ Vegetales no feculentos: Tanto como desees (no escatimes).

⊖ Carbohidratos feculentos: 3 a 4 raciones.

⊖ Frutas: 3 a 4 raciones.

⊖ Productos lácteos bajos en grasa: 2 a 3 raciones.

⊖ Grasas saludables: 1 a 2 raciones.

Todas las recetas que encontrarás en las siguientes páginas pueden ser incluidas en cualquiera de estas tres etapas. A manera de ejemplo, y para indicar qué tanta variedad puedes disfrutar, al final de este capítulo he incluido un plan de comidas de catorce días para el Plan de Inicio Rápido que utiliza cerca de 40 de las recetas de este libro, lo que hace que el desafío de controlar tu peso para toda tu vida sea más sencillo para ti. El plan de comidas demuestra que tú puedes casi literalmente hartarte de comer mientras logras un cuerpo más esbelto y hace que sus beneficios para la salud constituyan un estilo de vida fácil de mantener.

De hecho, cuando comes y cocinas de esta manera mientras sigues las siete claves para liberarte de los problemas de peso, puedes esperar perder peso, y seguirás perdiendo peso de manera constante y satisfactoria conforme mantienes el rumbo para lograr tu meta en lo que se refiere al peso. También constituye un excelente plan para disminuir los factores de riesgo relacionados con enfermedades crónicas, o simplemente como una manera de sentirte mejor y experimentar mucha más energía. (He resumido las siete claves de las páginas 37 a la 39).

Usar las recetas para la solución definitiva al sobrepeso

Mientras diseñas tus menús, asume el compromiso de revisar el *análisis nutrimental* al final de cada receta. Cada análisis incluye valores de las calorías, proteínas, carbohidratos, grasa total, grasa saturada, colesterol, fibra, azúcar y sodio; toda esa información es importante para lograr el control del peso y gozar de buena salud de por vida. A pesar de que no soy partidario de contar las calorías, calcular los gramos de carbohidratos o grasa, o de multiplicar porcentajes de nutrientes, considero que monitorear esos nutrientes de vez en cuando es una manera efectiva de asumir tu responsabilidad y de progresar de manera continua hacia tus metas.

A menos que haya sido especificado, cada análisis está basado en una sola ración. También hay una nota al final de cada análisis que explica si la ración cuenta como proteína, vegetales no feculentos, carbohidratos feculentos, fruta, producto lácteo bajo en grasa, grasa o una combinación de los anteriores. Tú puedes utilizar toda esta avaliosa información al planificar tus comidas.

Las recetas utilizan frecuentemente una cantidad escasa de grasa saludable, productos lácteos bajos en grasa, carbohidratos feculentos o huevo, principalmente para lograr sabor y textura. La cantidad utilizada es tan insignificante que tú puedes omitirla al contar las raciones de grasa, productos lácteos, carbohidratos o proteínas de cada día. Adicionalmente, cierto número de alimentos "libres" han sido utilizados para crear muchas de las recetas. Los alimentos "libres" son bajos en calorías y carbohidratos e incluyen alimentos sin grasa o sin azúcar, como queso crema sin grasa, crema ácida sin grasa, mezcla de hornear sin grasa o postres de gelatina sin grasa.

El tamaño de las raciones de cada receta se aproxima a la cantidad que debes comer. El cuidado del tamaño de las raciones puede representar la diferencia en lo que se refiere a ganar, perder o mantener tu peso, y por lo tanto tiene una importancia fundamental en el manejo exitoso del peso.

Desde luego, mientras más grande sea la ración, más calorías contendrá. Por otra parte, las investigaciones han demostrado una y otra vez que servir raciones más grandes estimulan que la gente coma más. Se trata simplemente de un hecho de la conducta alimenticia que la gente comerá lo que le pongan enfrente. Si hay más comida, comerá más.

Si no estás segura de cuánto comer con exactitud, he aquí una tabla útil que define con exactitud las raciones saludables y razonables. Utiliza esta información para determinar el tamaño y cantidad de tus raciones cuando comas en casa, así como cuando salgas a comer a la calle.

Alimentos	Tamaño de la ración
Carne, pescado o pollo	El tamaño de la palma de tu mano, del ratón de tu computadora, o de un paquete de naipes. Alimentos
Vegetales	
Crudos	El tamaño de tu puño
Cocinados	El tamaño de tu mano cuando flexionas los dedos.
Carbohidratos feculentos	
Cereal y granos cocinados	El tamaño de tu mano cuando flexionas los dedos.
Pan	1 rebanada, o el tamaño de un disco de computadora
Roscas	1/2 rosca
Panecillos ingleses	1/2 panecillo
Panecillos tipo "muffin"	1 envoltura
Galletas saladas	El número de galletas mencionado en la receta por ración o en la Guía de alimentos.
Legumbres y otros vegetales feculentos	El tamaño de tu mano cuando flexionas los dedos.
Fruta	
Pieza cruda	El tamaño de una pelota de tenis
Enlatada (en agua o jugo)	El tamaño de tu mano cuando flexionas los dedos.

Alimentos	Tamaño de la ración
Moras (crudas o congeladas), fruta picada cruda	El tamaño de tu puño.
Productos lácteos	
Leche y yogur	El tamaño de tu puño.
Queso cottage	El tamaño de tu mano cuando flexionas los dedos.
Queso	El tamaño de un par de dados.
Emparedado de queso	1 rebanada, o el tamaño de un disco de computadora.
1 cucharada de grasa, aceites, aderezos de ensalada, o nueces y semillas	El tamaño de tu dedo pulgar a partir de tu primera articulación; una bolsa de té, o una castaña.

Tú puedes tener éxito

Sin importar cuáles hayan sido tus experiencias anteriores con las dietas, ahora tienes una segunda oportunidad. Puedes forjar tu vida en función de quien eres en realidad, y de lo que realmente te define y te importa, y tu peso es ciertamente algo de tu vida que tú deseas cambiar.

Para emprender la jornada hacia la libertad respecto de los problemas de peso se requiere de un espíritu resuelto y comprometido a intentar algo nuevo para cambiar, y para cambiar en *ti misma*. Al leer este libro y al utilizar sus recetas, al abrir tu mente a la posibilidad de un estilo de vida mejor y más saludable, estás logrando la diferencia hoy mismo.

Las 7 claves para liberarte de los problemas de peso

Clave # 1: Pensar correctamente.

Deja a un lado los pensamientos derrotistas que no funcionan. Esas ideas tienen el poder de impedirte que hagas elecciones diferentes o desarrolles conductas nuevas. Con demasiada frecuencia permitimos que esas ideas negativas sean aceptadas y actuamos como si fueran verdaderas. Debes monitorear lo que piensas y desafiar su verdad. Si lo que piensas no está funcionando, sustitúyelo con ideas que funcionen.

Clave # 2: Sentimientos curativos.

Supera la sobrealimentación emocional al manejar las reacciones inadecuadas al estrés; resuelve problemas en vez de habituarte a ellos; cambia las ideas derrotistas porque con fecuencia los sentimientos siguen a las ideas; resuelve los asuntos emocionales que han quedado sin concluir, y aprende nuevas maneras de enfrentarlos sin recurrir a los alimentos.

Clave # 3: Un ambiente a prueba de fracasos.

Diseña tu mundo de manera que te ayude a tener éxito. Esto significa alejar las tentaciones de co-

mer y reacomodar tu horario para evitar o mini-
mizar los factores de sobrealimentación.

Clave # 4: Control sobre la comida y el deseo de comer compulsivamente.

Existe sólo una razón por la que no has cambia-
do los aspectos malos de tu vida. Tú estás obteniendo algo de ellos. No me refiero a que estés
obteniendo algo saludable o positivo; sino que la
gente no continúa en situaciones, actitudes o ac-
ciones que no les proporcionan una retribución.
Esta clave te ayuda a identificar esa retribución,
desconectarte de ella, y reemplazar los malos
hábitos con conducta saludable.

Clave # 5: Nutrición de costo de respuesta alto y beneficios altos.

Para perder peso debes elegir alimentos que apoyen el buen control de la conducta relacionada
con tu alimentación; esto significa ingerir alimentos de costo de respuesta alto y beneficios altos,
organizados mediante un plan moderado, equilibrado, basado en el control de las calorías, para
asegurar la pérdida de peso.

Clave # 6: El propósito de hacer ejercicio.

Convierte el ejercicio regular en una prioridad
de tu vida casi todos los días de la semana: ca-
minar, trotar, tomar clases de baile aeróbico,
yoga, practicar un deporte o levantar pesas. El
ejercicio hace mucho más que sólo quemar calorías; cambia tu percepción de ti misma, de manera que dejes de considerarte como una persona perezosa.

Clave # 7: Tu círculo de apoyo.

Rodéate de personas que te apoyen y piensen como tú, que tengan el deseo de que pierdas peso y que tu esfuerzo por mejorar tu salud y bienestar tenga éxito.

Menú para el plan de inicio rápido de 14 días

Día 1

Desayuno

1 ración de *Chili con sémola y cheddar* (p. 93).

1 taza de leche baja en grasa.

1 huevo (o 2 claras de huevo) revuelto.

1 taza de fresas (u otra fruta fresca de estación).

Café o té.

Entremés

1 taza de yogur natural bajo en grasa y sin azúcar, mezclado con 1 cucharada de albaricoque enlatado sin azúcar.

Comida

1 ración de *Ensalada de atún a la plancha* (p. 112).

Una pera fresca.

Entremés

1 ración de *Guacamole* (p. 216) con vegetales crudos picados.

Cena

1 ración de *Pollo rostizado con hierbas* (p. 152).

1 ración de *Espárragos a la vinagreta caliente* (p. 202).

Calabaza de verano (o chayote), hervido o cocido.

Perfil de nutrición diaria: 1200 calorías, 110 g de proteínas, 133 g de carbohidratos, 30 g de grasa total, 5 g de grasa saturada, 380 mg de colesterol, 20 g de fibra, 1 g de azúcar, 2515 mg de sodio.

Día 2

Desayuno	1 ración de *Huevos revueltos Tex-Mex* (p. 82).
	1 *Panecillo de salvado y compota de manzana* refrigerado (p. 96).
	1/2 toronja.
	Café o té.
Entremés	Licuado de plátano: 1 plátano congelado mezclado con 1 taza de leche baja en grasas o leche de soya y endulzante artificial (opcional).
Comida	1 ración de *Crema de coliflor sin crema* (p. 102).
	Ensalada de pollo hecha con las sobras del pollo rostizado del día 1: 1 ración de pollo rostizado dispuesto sobre una cantidad generosa de vegetales de hoja mezclados con ensalada de vegetales picados; una cucharada de aceite de oliva mezclada con vinagre balsámico para dar sabor.
Entremés	1 taza de yogur bajo en grasa y sin azúcar (de cualquier sabor).
Cena	1 ración de *Salmón asado estilo Dijon* (p. 168).
	Brócoli, hervido o cocido.
	Zanahorias horneadas.

Perfil de nutrición diaria: 1244 calorías, 91 g de proteína, 113 g de carbohidratos, 51 g de grasa total, 9 g de grasa saturada, 383 mg de colesterol, 17 g de fibra, 1 g de azúcar, 1435 mg de sodio.

Día 3

Desayuno	2 rebanadas de jamón sin grasa
	1 ración de *Granola para olvidar la grasa* (p. 89) mezclada con 1 taza de yogur bajo en grasas sin azúcar (de cualquier sabor).
	1 naranja.
	Café o té.
Entremés	1 manzana, rebanada y remojada en *Salsa de frutas* (p. 217).
Comida	1 ración de *Chili de tres frijoles* (p. 176).
	Ensalada de lechuga romana cortada en tiras con una variedad de otros vegetales de ensalada picados, 2 cucharadas de aderezo de ensalada César bajo en grasas.
Entremés	1/2 taza de queso cottage bajo en grasas con zanahoritas y otros vegetales crudos picados.
Cena	1 ración de *Filete de res con yerbas* (p. 129).
	Guisantes verdes, cocidos.
	Coliflor, hervida o cocida.

Perfil de nutrición diaria: 1274 calorías, 97 g de proteína, 177 g de carbohidratos, 27 g de grasa total, 7 g de grasa saturada, 149 mg de colesterol, 36 g de fibra, 3 g de azúcar, 2787 mg de sodio.

Día 4

Desayuno	1 ración de *Tortilla de tomate y champiñones* (p. 78).
	1 taza de leche ligera o baja en grasas.
	Trozo de melón (u otra fruta fresca de estación).
	Café o té.
Entremés	1 taza de moras frescas.
Comida	1 ración *Ensalada de atún envuelta en tortilla* (p. 122).
Entremés	1 taza de yogur bajo en grasa sin azúcar (de cualquier sabor).
Cena	1 ración de *Lomo de cerdo asado a la italiana* (p. 140).
	Col de Bruselas, hervida o cocida.
	Ensalada revuelta con 2 cucharadas de aderezo de ensalada italiana bajo en grasas.

Perfil de nutrición diaria: 1025 calorías, 87 g de proteína, 102 g de carbohidratos, 32 g de grasa total, 7 g de grasa saturada, 363 mg de colesterol, 25 g de fibra, 0.5 g de azúcar, 2375 mg de sodio.

Día 5

Desayuno	2 Claras de huevo, revueltas
	1 *Panecillos de salvado, naranja y pasas* (p. 94).
	1 taza de leche ligera o baja en grasas.
	1 taza de frambuesas (u otra fruta fresca de estación).
	Café o té.
Entremés	Vegetales surtidos, crudos y picados.
	1 onza de queso suizo de grasa rebajada.
Comida	1 ración de *Sopa de pavo y verduras* (p. 164).
	Col cortada en tiras, mezclada con 2 cucharadas de aderezo para ensalada de col bajo en grasa.
Entremés	1 pera, rebanada y remojada en *Salsa de frutas* (p. 217).
Cena	1 ración de *Pollo a la marroquí* (p. 158).

Perfil de nutrición diaria: 1195 calorías, 95 g de proteína, 134 g de carbohidratos, 36 g de grasa total, 2 g de grasa saturada, 203 mg de colesterol, 22 g de fibra, 10 g de azúcar, 1752 mg de sodio.

Día 6

Desayuno	1 ración de *Omelette succotash* (p. 80).
	1 durazno o nectarina fresca.
	Café o té.
Entremés	1/2 taza de yogur bajo en grasa sin azúcar.
Comida	Aproximadamente 4 onzas de carne molida para hamburguesas asada a la parrilla, sin grasa.
	1 ración de ensalada de rábano.
	3/4 de taza de uvas.
Entremés	1/2 taza de queso cottage bajo en grasa con vegetales crudos picados.
Cena	1 ración de filetes de pescado horneado.
	Ensalada revuelta con 2 tazas de aderezo de ensalada, bajo en grasa.
	1 ración de tarta de crema de plátano.

Perfil de nutrición diaria: 1286 calorías, 100 g de proteína, 146 g de carbohidratos, 37 g de grasa total, 9 g de grasa saturada, 341 mg de colesterol, 12 g de fibra, 5 g de azúcar, 1990 mg de sodio.

Día 7

Desayuno	1 huevo revuelto. Salvado de avena, cocinado. 1 taza de leche baja en grasa. Melón dulce (u otra fruta fresca de estación). Café o té.
Entremés	1 manzana, rebanada y remojada en *Salsa de frutas* (p. 217).
Comida	1 ración de *Ratatouille* (p. 196) cubierta de 1/2 taza de queso de soya (tofú) cortado en cubos (para agregar proteína). Ensalada revuelta con 2 cucharadas de aderezo italiano bajo en grasa.
Entremés	1 taza de yogur natural bajo en grasa sin azúcar, mezclado con 1 cucharada de fresas de conserva, sin azúcar.
Cena	1 ración de *Carne asada estilo sureño* (p. 131). 1 ración de *Vegetales asados* (p. 253).

Perfil de nutrición diaria: 1189 calorías, 94 g de proteína, 151 g de carbohidratos, 29 g de grasa total, 5 g de grasa saturada, 322 mg de colesterol, 24 g de fibra, 1 g de azúcar, 1345 mg de sodio.

Día 8

Desayuno	2 salchichas de pavo
	1 taza de yogur bajo en grasa sin azúcar (de cualquier sabor).
	1/2 melón.
	Café o té.
Entremés	Pepino, rebanado y remojado en 1/2 taza de queso cottage bajo en grasa.
Comida	1 ración de *Estofado de lentejas estilo curry* (p. 180).
	Ensalada revuelta con 2 cucharadas de aderezo de ensalada bajo en grasa.
Entremés	1 pera fresca (u otra fruta fresca de estación).
Cena	1 ración de *Filete de pollo frito "sin freír"* (p. 138).
	Tomates cocidos.
	Coliflor, hervida o cocida.

Perfil de nutrición diaria: 1189 calorías, 107 g de proteína, 150 g de carbohidratos, 23 g de grasa total, 6 g de grasa saturada, 141 mg de colesterol, 29 g de fibra, 0 g de azúcar, 2776 mg de sodio.

Día 9

Desayuno	2 rebanadas de jamón de pavo.
	Licuado: 1 taza de leche baja en grasa mezclada con 1 taza de arándanos frescos y 3 cucharadas de avena.
	Café o té.

Entremés

1 manzana, rebanada y remojada en *Salsa de frutas* (p. 217).

Comida

1 ración de *Sopa de puerros y champiñones* (p. 106).

Aproximadamente 4 onzas de carne molida para hamburguesas asada a la parrilla, sin grasa.

Entremés

3/4 de taza de yogur bajo en grasa, sin azúcar (de cualquier sabor).

Cena

1 ración de *Pechugas de pollo bañadas en albaricoque*.

Judías verdes, hervidas.

Tomates frescos, rebanados, cubiertos con una cucharada de mayonesa.

1 ración de *Pastel de saltamontes* (p. 230).

Perfil de nutrición diaria: 1387 calorías, 98 g de proteína, 156 g de carbohidratos, 45 g de grasa total, 11 g de grasa saturada, 205 mg de colesterol, 19 g de fibra, 6 g de azúcar, 1744 mg de sodio.

Día 10

Desayuno	2 claras de huevo, revueltas.
	1 ración de *Granola para olvidar la grasa* (p. 89).
	1 taza de leche ligera, baja en grasa o de soya.
	1 plátano.
	Café o té.
Entremés	1 ciruela (u otra fruta fresca de estación).
Comida	1 ración de *Ensalada de capas estilo Mexicali* (p. 114).
Entremés	1 taza de yogur bajo en grasa, sin azúcar (de cualquier sabor).
Cena	1 ración de *Huachinango asado* (p. 259).
	Vegetales mezclados, hervidos (brócoli, zucchini, calabaza) con 1 cucharada de margarina sin transgénicos.

Perfil de nutrición diaria: 1259 calorías, 111 g de proteína, 176 g de carbohidratos, 22 g de grasa total, 2 g de grasa saturada, 196 mg de colesterol, 31 g de fibra, 1 g de azúcar, 1880 mg de sodio.

Día 11

Desayuno	1 huevo escalfado.
	1 *Panecillo de salvado y compota de manzana refrigerado* (p. 96).
	1 naranja.
	Café o té.
Entremés	Licuado de fruta: 1 taza de leche ligera, baja en grasa o de soya, mezclada con 1/2 taza de moras, con endulzante artificial (opcional).
Comida	Aproximadamente 4 onzas de carne de pavo molida, magra, hervida o asada a la parrilla.
	1 ración de *Gazpacho instantáneo* (p. 104).
Entremés	Vegetales crudos picados, remojados en 1/2 taza de queso cottage bajo en grasa.
Cena	1 ración de *Bacalao escalfado con salsa de piña caliente* (p. 170).
	Ensalada mezclada con una cucharada de aceite de oliva y aceite balsámico para dar sabor.

Perfil de nutrición diaria: 1050 calorías, 95 g de proteína, 106 g de carbohidratos, 29 g de grasa total, 3 g de grasa saturada, 344 mg de colesterol, 23 g de fibra, 6 g de azúcar, 1394 mg de sodio.

Día 12

Desayuno	1 ración de *Tortilla de tomates y champiñones* (p. 78).
	3/4 de taza de leche ligera, baja en grasa o de soya.
	1 taza de frambuesas frescas.
	Café o té.

Entremés	1 ración de *Dátiles rellenos* (p. 218).

Comida	1 ración de *Tabule estilo curry* (con pollo, p. 116).
	Ensalada mezclada con 2 cucharadas de aderezo para ensalada bajo en grasa.

Entremés	Vegetales crudos picados, remojados en 1/2 taza de queso cottage bajo en grasa.

Cena	1 ración de *Carne frita con brócoli* (p. 133).
	1 ración de *Parfait de vainilla y naranja* (p. 232).

Perfil de nutrición diaria: 1343 calorías, 99 g de proteína, 182 g de carbohidratos, 27 g de grasa total, 5 g de grasa saturada, 324 mg de colesterol, 28 g de fibra, 7 g de azúcar, 2297 mg de sodio.

Día 13

Desayuno	2 claras de huevo revueltas.
	1 *Panecillo de salvado, naranja y pasas* (p. 94)
	1 taza de bolas de melón (u otra fruta fresca de estación).
	Café o té.
Entremés	1 naranja.
Comida	*Ensalada del chef* baja en grasas: 2 rebanadas de jamón bajo en grasa, 1 onza de queso cheddar bajo en grasa, lechuga picada y vegetales surtidos, picados; 2 cucharadas de aderezo francés bajo en grasa.
Entremés	1 taza de yogur bajo en grasa sin azúcar (de cualquier sabor).
Cena	1 ración de *Salmón asado estilo Dijon* (p. 168).
	1 ración de *Puré de raíces vegetales invernales* (p. 194).

Perfil de nutrición diaria: 961 calorías, 71 g de proteína, 107 g de carbohidratos, 32 g de grasa total, 7 g de grasa saturada, 119 mg de colesterol, 17 g de fibra, 3 g de azúcar, 1485 mg de sodio.

Día 14

Desayuno	2 salchichas de pavo.
	1 ración (1/2 taza) de cereal de alto contenido de fibra, como All-Bran.
	1 taza de leche ligera, baja en grasa o de soya.
	1 durazno (u otra fruta fresca de estación).
	Café o té.
Entremés	1/2 taza de yogur bajo en grasa, sin azúcar (de cualquier sabor).
Comida	1 ración de *Ensalada de atún a la plancha* (p. 112)
Entremés	1 ración de *Dip de tofú al curry* (p. 247) con vegetales crudos picados.
Cena	1 ración de *Lasaña zucchini* (p. 186)
	Ensalada mezclada con 2 cucharadas de aderezo de queso azul, bajo en grasa.
	1 ración de *Plátanos horneados* (p. 237)

Perfil de nutrición diaria: 1269 calorías, 106 g de proteína, 163 g de carbohidratos, 30 g de grasa total, 9 g de grasa saturada, 181 mg de colesterol, 31 g de fibra, 14 g de azúcar, 2463 mg de sodio.

Crear una cocina a prueba de fracasos

Es casi imposible exagerar la influencia que tu ambiente tiene en tu selección de alimentos y en tu capacidad para administrar tu peso de manera exitosa a largo plazo. En *La solución definitiva al sobrepeso*, la clave 3 —un ambiente a prueba de fracasos— se refiere a cambiar la atmósfera personal de tu vida (incluyendo tu hogar) al eliminar cualquier cosa que te predisponga al fracaso, e incorporar, tanto como sea posible, todo aquello que te apoyará a lograr tus metas relacionadas con la pérdida de peso.

La presencia de alimentos en tu alrededor es uno de los factores más importantes que te impulsan a comer, sobrealimentarte o "consentirte". Por lo anterior, la clave 3 se refiere a eliminar los alimentos tentadores de tu casa, oficina, automóvil o cualquier otro sitio donde los almacenes normalmente. Después de todo, no puedes comer lo que no tienes.

Uno de los lugares más importantes donde debes comenzar a poner en práctica esta clave es en tu propia cocina. Específicamente me gustaría que hicieras un inventario de tu cocina; que busques y tires a la basura todos los alimentos de costo de respuesta bajo y beneficios bajos, y los reemplaces con alimentos de costo de respuesta alto y beneficios altos. Permíteme hacerte algunas sugerencias sobre la manera de hacer lo anterior:

⊖ Elimina las galletas, los dulces y cualquier alimento con gran contenido de calorías o endulzado, y reemplázalos con frutas y vegetales.

⊖ Elimina los alimentos salados como las botanas, las papitas, las nueces y otros bocadillos empacados, y reemplázalos con alimentos más naturales, como galletas de cereal integral o palomitas de maíz.

⊖ Elimina los rollos dulces, las pastisetas, las donas, los pasteles, los pastelillos, y otros bocadillos horneados y reemplázalos con frutas o bocadillos saludables y los postres incluidos en este libro de cocina.

⊖ Reemplaza los cereales dulces para el desayuno por cereales de alto contenido de fibra.

⊖ Reemplaza el pan blanco, los rollos y bolillos con sus contrapartes de grano integral.

⊖ Reemplaza las carnes frías ricas en grasa por sus equivalentes sin grasa o bajos en grasa.

⊖ Reemplaza el helado y los postres congelados con alto contenido de azúcar por yogur congelado y leche helada baja en grasa y sin azúcar.

⊖ Elimina los alimentos preparados como la pizza, los aperitivos fritos y los emparedados listos para recalentar en el horno de microondas, y reemplázalos con cortes de carne magra; aves, como las pechugas de pollo y de pavo (preparadas sin el pellejo); mariscos frescos, congelados o enlatados (sin empanizar).

⊖ Reemplaza la mantequilla y la margarina por grasas saludables como el aceite de oliva y el aceite de canola.

⊖ Reemplaza los productos lácteos enteros por leche ligera baja en grasa o sin grasa, yogur sin azúcar o queso bajo en grasa.

⊖ Reemplaza las bebidas endulzadas, incluyendo el café con saborizante, por agua embotellada y otras bebidas sin calorías.

Eliminar de tu cocina los alimentos de costo de respuesta bajo y beneficios bajos y reemplazarlos por alimentos sanos constituye un paso clave hacia la *programación*, o preparación de tu mundo con el fin de que apoye tus metas. La programación te ayuda a superar la necesidad de sentirte motivada todo el tiempo a tratar de perder peso. Cuando tu entusiasmo se enfría y tu fuerza de voluntad flaquea —lo cual ocurrirá—, necesitas estar en un ambiente que te reanime. Si no los eliminas, los alimentos nocivos y otros elementos que amenazan con hacerte fracasar se conjugarán para sabotearte.

Piénsalo: Quizá una de las razones por las que no has logrado tus metas de bajar de peso en el pasado es que te permitiste no hacer lo que necesitabas hacer cuando necesitabas hacerlo. Seguiste fracasando por grados, y quedabas cada vez más lejos del resultado que deseabas. Cuando rediseñas tu ambiente de acuerdo con las guías de la clave # 3, te programas a ti misma para lograr un resultado diferente: el éxito.

De manera que planifiquemos la manera de aprovechar el impulso hacia el éxito ahora mismo, al hablar acerca de lo que necesitas tener a la mano en diversos momentos para preparar las recetas incluidas en este libro y crear una cocina a prueba de fracasos.

Provisiones para tu cocina

Los alimentos que enumero a continuación para ti son los ingredientes específicos que se necesitan para preparar las recetas contenidas en este libro. Conforme planifiques tus comidas y elabores tu lista de compras para la semana, puedes elegir aquellos que necesitarás. La mayoría son alimentos básicos, como comida enlatada, alimentos congelados, sazonadores y especias que desearás tener a la mano cuando estés lista para preparar una receta.

Proteínas de costo de respuesta alto y beneficios altos

Carnes	Filete de res
	Cuete de res
	Lomo de res
	Filetes de aguayón
	Carne de res molida, sin grasa
	Filete de res molido, sin grasa
	Chuletas de cordero, lomo
	Pata de cordero
	Lomo de cerdo
	Filete de cerdo
Pollo y otras aves	Pechugas de pollo, sin pellejo y sin hueso
	Muslos de pollo, sin pellejo y sin hueso
	Pollo entero, rostizado
	Salchichas de pavo con bajo contenido de grasa
	Tocino de pavo
	Chuletas de pavo
Huevos y productos lácteos bajos en grasa	Suero de leche, bajo en grasa o sin grasa
	Queso cheddar, bajo en grasa
	Queso cottage, bajo en grasa o sin grasa
	Queso crema, sin grasa
	Huevos
	Sustituto de huevos

Mezcla mexicana de quesos, rallada, baja en grasa

Leche evaporada enlatada, sin grasa

Leche ligera o baja en grasas

Leche sin suero, sin grasa

Queso mozzarella, bajo en grasa

Queso parmesano, bajo en grasa

Queso provolone, bajo en grasa

Queso ricotta, bajo en grasa

Crema ácida, baja en grasa

Yogur, bajo en grasa, en versiones sin azúcar (natural y con sabor)

Yogur, sin grasa y sin azúcar, congelado.

Pescado	
	Bacalao
	Cangrejo, en trozos
	Halibut
	Huachinango
	Salmón
	Camarón congelado, incluyendo camarón para coctel
	Atún fresco
	Atún enlatado, blanco, enlatado en agua

Soya y alimentos vegetarianos	
	Leche de soya
	Tofú, blando, ligero
	Tofú, blando, suave

Carbohidratos de costo de respuesta alto y beneficios altos

Frutas

Manzanas

Compota de manzana, sin endulzar

Jugo de manzana, sin endulzar

Aguacate

Plátanos

Zarzamoras, frescas y congeladas

Cerezas (sin endulzar), congeladas y enlatadas

Relleno de pastel de cerezas, sin azúcar

Dátiles

Fruta seca (Anillos de manzana, mitades de albaricoque, higos negros, arándanos, cerezas, duraznos, uvas pasa)

Toronjas

Uvas, verdes o moradas, sin semilla

Limones

Limas

Mandarinas (en jugo o enlatadas en agua), enlatadas

Naranjas

Jugo de naranja sin endulzante

Duraznos (sin endulzante), congelados

Peras

Trozos de piña (en jugo o enlatadas en agua)

Jugo de piña (sin endulzante)

Ciruela pasa

Frambuesas (sin endulzante), congeladas

Fresas, frescas

Vegetales no feculentos *	Alcachofas
	Espárragos
	Brotes de soja, enlatados
	Remolacha
	Pimientos, verdes y rojos
	Brócoli congelado
	Coles de Bruselas
	Col, incluyendo la napa
	Zanahorias
	Zanahorias pequeñas
	Apio
	Pepino
	Coliflor congelada
	Berenjena
	Dientes de ajo
	Ejotes
	Chiles verdes, enlatados, suaves o picantes

* *Estos vegetales contienen diversos grados de fécula, pero suelen tener menor contenido de carbohidratos que los vegetales feculentos enumerados en la p. 64.*

Corazón de palmito, enlatado

Chiles jalapeños, encurtidos

Jícama

Puerros

Verduras surtidas

Tallos de champiñones

Cebollas, rojas y blancas

Chirivía

Guisantes, congelados

Guisantes y zanahorias, congelados

Pimiento morrón, en tarro o lata

Rábanos

Lechuga romana

Colinabo (Nabo sueco)

Cebollinos

Hongos porcini

Guisantes de olor

Chayote

Espinacas pequeñas

Tomate fresco, tipo Roma y tipo cereza

Tomates enlatados

Tomates secos

Nabos

Jugo de vegetales

Calabaza amarilla

Zucchini

Vegetales feculentos	Calabaza redonda
	Frijoles negros, enlatados
	Guisantes
	Berros
	Garbanzos, enlatados
	Maíz, congelado o enlatado
	Verduras mixtas congeladas
	Alubias, enlatadas
	Lentejas verdes, secas
	Frijoles lima, congelados
	Frijoles bayos, enlatados
	Calabaza, enlatada
	Papas rojas, para hornear
	Camote
	Habichuelas enlatadas
Productos de grano integral y cereales	Arroz moreno
	Trigo molido
	Cereales (All-Bran, cereal de nueces y plátano, granos grandes con pacanas crujientes)
	Fideos chinos, enriquecidos, o tallarín "somen" o "udon" japonés.
	Tortillas de maíz
	Sémola, amarilla o blanca
	Salvado de avena

Harina de avena

Harina de avena estilo antiguo

Quinua

Fideos "soba" (de alforfón y trigo, estilo japonés)

Salvado de trigo

Germen de trigo

Pan de trigo entero

Galletas de trigo entero, como las Triscuits

Migajas de pan de trigo entero

Macarrones de trigo integral

Harina de trigo entero

Tortillas de harina integral, sin grasa.

Grasas de costo de respuesta alto y beneficios altos

Grasas y aceites	
	Aceite de canola
	Aceite de avellana
	Margarina ligera, sin grasas "trans"
	Aceite de oliva
	Aceite de cacahuate
	Aceite de ajonjolí
	Aceite vegetal
	Aceite de castañas

Nueces y semillas	Almendras
	Semillas de girasol
	Castañas

Condimentos de costo de respuesta alto y beneficios altos

Consomés	De pollo, sin grasa y sin sal
	De vegetales, sin grasa y sin sal

Mostaza	Mostaza de Dijon

Salsas	Salsa de coctel
	Salsa marinara
	Salsa mexicana
	Salsa de soya, baja en sodio
	Salsa Tabasco
	Salsa Teriyaki
	Salsa inglesa (Worcestershire)

Vinagres	Vinagre de sidra de manzana
	Vinagre balsámico
	Vinage de arroz
	Vinagre de vino blanco

Especias y hierbas	Pimienta de cerezas molidas y enteras.
	Condimento de pastel de manzana
	Condimento para asar a la parrilla, seco
	Albahaca, seca
	Hojas de laurel
	Pimienta negra
	Granos de pimienta negra, enteros
	Vaina de cárdamo
	Pimienta de cayena
	Semilla de apio
	Chile en polvo
	Cilantro, hojas frescas
	Canela
	Palitos de canela
	Clavo entero
	Hojuelas de pimienta roja, molidas
	Comino, molido y en semilla
	Curry en polvo
	Cebolla deshidratada
	Eneldo, seco y fresco
	Mostaza seca
	Semillas de hinojo
	Polvo de cinco especias
	Ajo en polvo
	Jengibre, fresco y seco, molido

Pimienta de limón, sin sal

Salsa para ahumar

Suavizador de carnes

Menta, hojas frescas

Nuez moscada, entera o molida

Polvo de cebolla

Orégano en polvo

Paprika, suave

Perejil, hojas frescas

Semillas de amapola

Romero

Hilos de azafrán

Salvia

Hojas de sabio fresco

Estragón, fresco y seco

Tomillo, fresco y seco

Cúrcuma

Endulzantes	Frutas en conserva, albaricoque
	Jarabe de chocolate, sin grasa y sin azúcar
	Sustituto de azúcar granulada, como Equal, Splenda, Sweet'n Low
	Jarabe de arce, sin azúcar
	Mermelada de naranja, sin azúcar

Extractos y saborizantes	Extracto de almendra
	Extracto de arce
	Extracto de menta
	Extracto de vainilla pura
	Extracto de ron
Mayonesas y aderezos	Aderezo de ensalada César, bajo en grasa
	Aderezo de ensalada comercial, bajo en grasa
	Aderezo de ensalada italiana, bajo en grasa
	Mayonesa, baja en grasa
	Mayonesa de soya
Concentrados de jugos de frutas	Concentrado de jugo de manzana, sin endulzantes
	Concentrado de jugo de naranja, sin endulzantes
	Concentrado de jugo de piña, sin endulzantes
	Concentrado de jugo de uva, sin endulzantes
Gelatinas y mezclas para pudín	Mezcla para pudín de plátano, sin grasa y sin azúcar
	Mezcla para pudín de chocolate, sin grasa y sin azúcar
	Polvo para gelatina de limón, sin azúcar
	Polvo para gelatina de naranja, sin azúcar
	Mezcla para pudín de vainilla, sin grasa y sin azúcar
Otros	Tés surtidos

Bicarbonato de sosa

Polvo para hornear

Alcaparras

Fécula de maíz (Agente para espesar)

Eneldo en salmuera

Café en polvo o exprés

Rábanos picantes, blancos

Algas secas japonesas ("nori")

Refresco de lima-limón, sin azúcar

Agua de Seltz, sabor frambuesa

Tahini

Pasta de tomate

Aerosol vegetal, de aceite de oliva, regular y sabor mantequilla

Pasta o polvo de wasabi

Para equipar tu cocina

Dotar tu cocina con el equipo que necesitarás para crear comidas deliciosas y saludables es tan importante para ti como sería para un carpintero contar con las herramientas apropiadas. Cocinar es más fácil, más divertido y mucho más nutritivo con los instrumentos correctos. Para ayudarte, he incluido una lista del equipo que necesitarás. Algunos de estos utensilios pueden parecer obvios y es posible que ya los tengas en tu "batería" de cocina; sería bueno contar con los demás, pero pueden no ser esenciales. No estoy diciendo que salgas a la calle y compres todos aquellos utensilios de la lista que no tengas. Si se trata de un utensilio de cocina que utilizas de vez en cuando, considera la idea de pedirlo prestado a un amigo o vecino en vez de invertir en su compra. Con esto en mente, he aquí una lista del equipo utilizado para preparar estas recetas, con el fin de que comprendas lo que se necesita para cocinar bien y forjar tu salud durante el proceso.

Ollas sartenes y platos especiales	Cacerola de vidrio
	Coladera
	Recipientes para preparar natillas
	Molde de gelatina, de 2 cuartos
	Sartenes: pequeño, mediano y grande, de teflón
	Ensaladera
	Salseras: pequeña, mediana y grande, con tapas
	Sartén para saltear
	Marmita
	Platos para hornear, de vidrio
	Sartén para hornear, de 8 pulgadas, cuadrado
	Parrilla de hornear, grande, con bordes
	Parrilla de hornear, de 9 pulgadas x 13 pulgadas, de teflón
	Sartén para asar
	Horno holandés
	Copas para parfait

Ponchera

Tazones para mezclar: pequeño, mediano y grande

Tazones y recipientes para horno de microondas

Moldes para panecillos

Cazo para el horno

Sartén para rostizar, poco profundo

Plato para souflé

Molde para pasteles

Termo, de dos tazas

Molde para pie, de 9 pulgadas

Alambres para asar

Cazo tipo "wok", de teflón

Endulzantes	Licuadora
	Mezcladora eléctrica
	Procesador de alimentos
	Parrilla, de gas o carbón
	Molino para especias

Utensilios	Rallador de caja
	Cuchillo de cocina
	Pelador de cítricos
	Cernidor fino
	Cuchara para toronja
	Termómetro instantáneo

Cucharón

Tazas y cucharas para medir

Cuchara para formar bolas de melón

Cuchillo para pelar

Pasapurés

Espátula de hule

Pinzas para ensalada

Cucharas: de todos tamaños, incluyendo una
cuchara de madera

Batidor de alambre

Otros

Papel aluminio

Papel de cera

Bolsas de plástico

Ahí lo tienes: todo lo que necesitas para crear una cocina a prueba de fracasos, orientada a la salud. Ahora todo depende de ti. Considera todas las maneras en que puedes comenzar a lograr que los hábitos culinarios saludables y la elección de alimentos nutritivos se convierta en una parte integral de tu vida diaria. Recuerda, éste es el comienzo de una forma totalmente nueva de cocinar, y lo que es más importante, de una mejor manera de vivir.

SEGUNDA PARTE

Las recetas

Desayunos

Existe una manera poderosa, y sin embargo sencilla, de deshacerte de los kilos y protegerte contra la obesidad; algo que muchos de nosotros deberíamos hacer pero que no hacemos. ¿Qué es? Desayunar. Las investigaciones han demostrado de manera inequívoca que las personas que desayunan tienen hasta 50 por ciento menos probabilidades de volverse obesos o desarrollar problemas de azúcar en la sangre que pueden conducir a la diabetes. Al dotar de combustible a tu cuerpo de manera adecuada, el desayuno tiene el importante efecto de ayudarte a administrar tu hambre a lo largo del día, de manera que no tengas que rendirte a los antojos o engullir alimentos sin calorías que no necesitas. El desayuno también ayuda a que tu metabolismo esté bien equilibrado, de manera que tu cuerpo queme calorías desde el amanecer hasta la noche. Más aún, el desayuno te brinda energía física y mental para enfrentar cualquier estrés durante el día. Por lo tanto, desayunar es una parte crucial de crear un estilo de vida que apoye el control de peso y la buena salud a lo largo de tu vida.

Muchos de ustedes dirán: "No tengo tiempo para preparar el desayuno, o para desayunar." Puedo escucharlos: en ocasiones es más fácil decir que hacer. Sospecho que, si están casadas y tienen hijos, se levantan de la cama temprano y pasan apuros para hacer que sus hijos, ustedes mismas y sus maridos salgan de la casa a tiempo y de manera razonable. Permítanme asegurarles que las recetas que encontrarán en este libro fueron planeadas para ser preparadas y servidas en un lapso relativamente breve; de hecho, varias de ellas pueden ser preparadas con anticipación, y tardan solamente unos minutos para prepararse en la mañana. Si has desarrollado el hábito de no desayunar y ese hábito se ha enraizado en tu conducta, entonces debes decidirte a cambiarlo. Tan solo al implementar este control sencillo en tu vida —comenzar el día con un desayuno saludable— habrás dado un paso positivo para liberarte de los problemas de peso.

Tortilla de tomate y champiñones

Análisis Nutrimental	
Calorías	106
Proteínas	8 g
Carbohidratos	4 g
Grasa total	7 g
Grasa saturada	2 g
Colesterol	215 mg
Fibra	3 g
Azúcares	0 g
Sodio	109 mg

Cada porción cuenta como 1 proteína y 1 vegetal no feculento.

Esta tortilla basada en la comida española es ciertamente el desayuno de campeones: rico en proteína y vegetales nutritivos. Es similar a un omelette, con la diferencia de que, en una tortilla, los vegetales son cocidos con los huevos, mientras que en el omelette son envueltos con el huevo, como un relleno. ¡Disfrútala!

6 porciones

2 cucharaditas de aceite de oliva

6 onzas de tallos de champiñón, finamente
      rebanados (aproximadamente 3 tazas)
medio jitomate, cortado en trocitos
1 cucharadita de tomillo seco
1 cucharadita de sal
1/2 cucharadita de romero seco, desmenuzado
1 1/2 tazas de sustituto de huevo pasteurizado, o
      6 huevos grandes, batidos hasta quedar espu-
      mosos
2 cucharadas de queso parmesano bajo en grasas,
      rallado (1/2 onza)

1. Calienta el aceite en una sartén de 10 pulgadas de
diámetro, con teflón, a fuego medio. Agrega los
champiñones y cuécelos, agitando de manera ocasional, hasta que suelten su jugo y éste hierva a fuego lento, aproximadamente durante 4 minutos.

2. Vierte el jitomate, el tomillo, la sal, el romero y
la pimienta; cuece durante 20 segundos hasta que
suelten su aroma. Vierte los huevos, o el sustituto
pasteurizado de huevo, y asegúrate de que los vegetales queden distribuidos de manera regular.
Espolvorea el queso parmesano. Cubre la sartén,
reduce la flama a intensidad baja y cuece hasta
que se asiente, aproximadamente durante 12 minutos. Corta la tortilla en seis rebanadas y sírvela.

Nota: Si lo deseas, puedes tostar la parte superior de
la tortilla. Calienta el horno mientras cocinas la
tortilla. Una vez que la tortilla se asiente, colócala
aproximadamente 15 centímetros debajo de la fuente
de calor durante 20 segundos, hasta que la parte
superior esté ligeramente tostada. (Asegúrate que el
mango de la sartén pueda soportar calor directo. Si
no es así, envúelvelo en papel aluminio antes de
colocar la sartén en el horno.)

Omelette succotash

En lo que se refiere a la comida más importante del día, algunos alimentos son definitivamente mejores que otros, y uno de mis favoritos es este delicioso omelette hecho con frijol lima, rico en fibras, maíz y otros vegetales. Este platillo proporciona una mezcla equilibrada de nutrientes que apoyan las funciones cerebrales: proteína sin grasa, carbohidratos de calidad y diversas vitaminas B. Al margen del aspecto nutritivo, este omelette tiene un sabor realmente bueno.

4 porciones

1 cucharada de aceite de canola.

1 cebolla pequeña, cortada en trocitos, o 1/3 de taza de cebolla congelada cortada en trozos.

1 pimiento rojo, sin corazón, sin semillas y cortado en trocitos.

1/2 taza de frijoles lima congelados, una vez descongelados.

1/2 taza de maíz congelado, una vez descongelado.

1/2 cucharadita de tomillo seco

1/2 cucharadita de sal

1/4 de cucharadita de pimienta negra recién molida

1/8 de cucharadita de pimienta de cayena, opcional.

1 taza de sustituto de huevo pasteurizado, o 4 huevos grandes, batidos hasta quedar espumosos.

2 cucharadas de queso bajo en grasa rallado, como queso mozarella o cheddar bajo en grasa (1/2 onza).

1. Calienta 2 cucharaditas de aceite en una sartén de 10 pulgadas de diámetro con teflón sobre fuego medio. Agrega la cebolla y el pimiento rojo y fríelos, agitando hasta que se suavicen, aproximadamente 2 minutos. Agrega los frijoles lima y el maíz o la mezcla de vegetales y el tomillo, sal, pimienta y la pimienta de cayena, si decides utilizarla. Cuece y agita la mezcla hasta que esté caliente, aproximadamente 1 minuto. Vierte todo el contenido de la mezcla en un tazón y ponlo a un lado.

2. Vuelve a colocar la sartén a fuego medio. Vierte la cucharadita restante de aceite de canela y agrega el sustituto de huevo o los huevos. Fríe sin agitar hasta que los bordes comiencen a asentarse, cerca de 30 segundos. Con una espátula de hule o una cuchara de madera empuja los bordes cocidos hacia el centro e inclina la sartén para que la parte del huevo sin cocinar vaya hacia los bordes. Repite ese proceso una vez más, y espolvorea el queso sobre el huevo. Cuece hasta que la parte superior se asiente, cerca de 1 minuto más. Vierte con una cuchara el relleno "succotash" que colocaste en el tazón sobre la mitad del omelette, y dobla lentamente la otra mitad sobre los vegetales para cubrirlos. Inclina la sartén con el fin de que el omelette se cierre como un burrito o una crepa, y rebánalo cuidadosamente sobre una tabla o un plato. Corta en 4 porciones y sirve inmediatamente.

Nota: Puedes sustituir 1 taza de la mezcla de vegetales (mezcla que incluye frijoles lima y maíz), descongelados, por los frijoles lima y el maíz congelados.

Huevos revueltos Tex-Mex

ANÁLISIS NUTRIMENTAL

Calorías	190
Proteínas	17 g
Carbohidratos	3 g
Grasa total	9.5 g
Grasa saturada	5 g
Colesterol	251 mg
Fibra	0.5 g
Azúcares	0 g
Sodio	552 mg

Cada porción cuenta como 1 proteína y 1 vegetal no feculento.

Si comienzas a aburrirte de los huevos revueltos, quizá es tiempo de probar algo nuevo. Esta versión de huevos revueltos está repleta de proteínas sin grasa y aderezada con chiles, que son considerados como el corazón y el alma de la comida Tex-Mex.

4 porciones

2 cucharaditas de aceite de canola
1 cebolla pequeña, cortada en trozos, o 1/3 de taza de cebolla congelada cortada en trozos
8 salchichas de pavo listas para comer, bajas en grasa, cortadas en trozos de aproximadamente 1 cm
1/4 taza de chiles verdes enlatados, cortados en trozos, suaves o picantes.
1 cucharadita de chile en polvo
1/2 cucharadita de comino molido
1/2 cucharadita de orégano seco
1/4 de cucharadita de canela molida
1/4 de cucharadita de sal
1 taza de sustituto de huevo pasteurizado, o 4 huevos grandes, batidos hasta quedar espumosos.

1. Calienta el aceite en una sartén grande con teflón, sobre fuego medio. Agrega la cebolla y cuécela, agitando de vez en cuando hasta que se suavice, durante cerca de 2 minutos. Agrega la salchicha y fríela, agitando, hasta que se tueste ligeramente, cerca de 2 minutos. Si la grasa se ha acumulado en la sartén, drénala, conservando la cebolla y la salchicha.

2. Agrega los chiles, el chile en polvo, el comino, el orégano, la canela y la sal y cuécelos hasta que suelten su aroma, durante 20 minutos. Vierte el sustituto de huevo pasteurizado o los huevos y cuécelos, agitándolos justo hasta que estén revueltos, poco menos de un minuto. Sirve inmediatamente.

Los nuevos huevos rancheros

ANÁLISIS NUTRIMENTAL	
Calorías	259
Proteínas	13 g
Carbohidratos	29 g
Grasa total	10 g
Grasa saturada	3 g
Colesterol	216 mg
Fibra	3 g
Azúcares	0 g
Sodio	528 mg

Cada porción cuenta como 1 proteína, 1 carbohidrato feculento y 1 vegetal no feculento.

Se trata de una especialidad muy popular del desayuno Tex-Mex. Los huevos rancheros (o estilo ranchero) son huevos fritos en una tortilla, bañados en salsa. Hay más alimentos de costo de respuesta alto y beneficios altos en una porción de lo que encontrarás en la mayoría de los platillos de desayuno.

6 porciones

2 jitomates medianos, cortados en cuartos
2 cucharadas de hojas de cilantro fresco empacado (ver nota 1)
2 cucharadas de cebolla roja cortada en trocitos
1/2 cucharadita de sal
2 a 4 gotas de salsa Tabasco
1/4 de taza de frijoles negros enlatados, pasados por agua y drenados
1 cucharada de vinagre de sidra (ver nota 2)
6 huevos grandes
6 tortillas de harina de trigo, sin grasa
6 cucharadas de queso bajo en grasa, rallado, como la mezcla mexicana de quesos

1. Coloca el jitomate con el cilantro en un procesador de alimentos dotado con una cuchilla para cortar en trocitos, y actívalo tres o cuatro veces, hasta que queden cortados en trocitos finos. Añade la cebolla, la sal y la salsa Tabasco, y actívalo dos o tres veces más, hasta que la mezcla tenga el aspecto de una salsa con trozos. Transfiere la mezcla a un tazón medio, vierte los frijoles negros y coloca el tazón a un lado.

2. Toma una sartén con bordes altos o una sartén para saltear y vierte agua hasta una profundidad de aproximadamente 2 centímetros. Agrega el vinagre y hierve el agua a fuego intenso. Reduce la flama a media-baja, rompe el cascarón de un huevo contra el borde de una taza pequeña y deposita el huevo en el agua hirviente. Repite el proceso con los huevos restantes. Escalfa los huevos hasta que la clara tenga una consistencia firme, cerca de 1 1/2 minutos.

3. Mientras tanto, coloca las tortillas en seis platos y vierte sobre ellas 1/4 de taza de salsa. Transfiere los huevos escalfados de la sartén a los platos utilizando una cuchara especial con orificios para drenar el agua, y ten cuidado de no romper la yema (ver Nota 3). Cubre cada porción con una cucharada del queso rallado. Sirve inmediatamente.

Nota 1: El cilantro fresco puede tener tierra. Para remover las impurezas, llena el fregadero o un tazón grande con agua fría. Separa las hojas de cilantro de los tallos y tíralos a la basura. Coloca las hojas de cilantro en el agua, agita suavemente y luego deja que se asienten por 5 minutos. Retira cuidadosamente las hojas de cilantro, para no extraer la tierra que ha flotado hacia el fondo del tazón (no drenes el tazón) y envuelve las hojas en toallas de papel, de manera holgada, con el fin de secarlas.

Nota 2: La acidez del vinagre evitará que los huevos se desmoronen en el agua hirviente, mientras se escalfan.

Nota 3: Si lo deseas, puedes pasar los huevos escalfados a un plato recubierto con toallas de papel y separa la clara. Aunque esto no es necesario, mejora la presentación del platillo. Transfiere cuidadosamente los huevos a los platos preparados de antemano y continúa con la receta.

Ensalada de frutas con aderezo de semilla de amapola

ANÁLISIS NUTRIMENTAL

Calorías	142
Proteínas	5 g
Carbohidratos	30 g
Grasa total	1 g
Grasa saturada	0 g
Colesterol	0 mg
Fibra	4 g
Azúcares	2 g
Sodio	36 mg

Cada porción cuenta como 1 fruta y 1/8 de producto lácteo bajo en grasa.

El yogur es uno de los muchos alimentos que proporcionan calcio, un mineral que ha resultado ser un agente para quemar grasa. El calcio hace que el cuerpo queme más grasa y reduce la cantidad de nueva grasa que el cuerpo almacena. La mayoría de las organizaciones nutrimentales de importancia recomiendan ingerir diariamente entre dos y tres porciones de productos lácteos bajos en grasa. Los planes de comida de *La solución definitiva al sobrepeso: Siete claves para alcanzar tu peso ideal* recomiendan dos porciones diarias para las etapas 1 y 2, y hasta tres porciones en la etapa 3 para el mantenimiento del peso. Esta ensalada de frutas, hecha con yogur, te ayudará a agregar más calcio al menú.

4 porciones

1 taza de yogur de limón sin grasa y sin azúcar
1 cucharadita de extracto de vainilla
1 cucharadita de semillas de amapola
1 taza de uvas sin semilla, rojas o verdes
1 manzana dulce y firme, del tipo "gala", "fuji", o "roja deliciosa", sin corazón, y cortada en trozos medianos
1 naranja grande, pelada, sin cáscara interior. Con los gajos a la mitad.
1 plátano maduro, pelado y cortado en rebanadas de aproximadamente 2 centímetros
1/4 de taza de germen de trigo o de granola (p. 89)

1. Mezcla el yogur, la vainilla y las semillas de amapola en un tazón pequeño, hasta que estén bien mezcladas.

2. Mezcla las uvas, los trozos de manzana, los medios gajos de naranja y las rebanadas de plátano en un tazón grande. Agrega la mezcla de yogur y revuelve para recubrir toda la fruta. Sirve inmediatamente, espolvoreando una cucharada de germen de trigo o granola en cada porción; o almacena la ensalada, cubierta, en el refrigerador hasta por 2 días, y revuélvela bien antes de agregar el germen de trigo o la granola y de servir.

Copa de queso cottage

ANÁLISIS NUTRIMENTAL

Calorías	125
Proteínas	15 g
Carbohidratos	18 g
Grasa total	0 g
Grasa saturada	0 g
Colesterol	0 mg
Fibra	1 g
Azúcares	4 g
Sodio	425 mg

Cada porción cuenta como 1 fruta y 1 producto lácteo bajo en grasa.

Para ayudarte con las prisas para levantarte y salir por la mañana, te prometí recetas para desayunar que pueden ser preparadas rápidamente, sin sacrificar la nutrición saludable. He aquí una de las recetas más fáciles y rápidas de nuestros desayunos, que incluyen algunas frutas ligeras de rápida preparación, con el fin de tener una manera sustanciosa y deliciosa de comenzar el día.

4 porciones

1 taza de compota de manzana sin endulzante
2 tazas de queso cottage sin grasa
1 lata (11 onzas) de gajos de mandarina empacados en jugo, drenado (aproximadamente 1 1/4 tazas de gajos de mandarina)
1/4 de cucharadita de nuez moscada recién rallada o molida

Coloca 1/4 de cada uno de los tres primeros ingredientes de la lista en una copa para parfait. Repite el proceso con las otras tres copas. Cubre cada copa con una pizca de nuez moscada.

Granola para olvidar la grasa

Análisis Nutrimental

Calorías	196
Proteínas	7 g
Carbohidratos	35 g
Grasa total	5 g
Grasa saturada	0.5 g
Colesterol	0 mg
Fibra	4.5 g
Azúcares	0 g
Sodio	126 mg

Cada porción cuenta como 1 carbohidrato feculento.

Gran parte de la granola preparada comercialmente en el supermercado está repleta de grasa y de una considerable cantidad de azúcar. Una manera de reducir el azúcar blanca consiste en endulzar las recetas con concentrado de jugo de frutas (sin endulzante, desde luego). Si te gusta la granola pero no su sobrecarga de grasa y azúcar, te encantará esta versión adelgazada, endulzada de manera natural con concentrado de jugo de manzana.

12 porciones

3 tazas de avena enrollada estilo antiguo (no de cocimiento rápido)

3/4 de taza de germen de trigo

1/3 de taza de almendras enteras, crudas, cortadas en trozos (ver la nota)

2 cucharadas de semillas de girasol crudas, con cáscara.

1 cucharadita de canela molida

1 cucharadita de sal

1 taza de concentrado de jugo de manzana sin endulzante, descongelado

1 taza de arándanos secos, o uvas pasas

1. Precalienta el horno a 325° F (Aproximadamente 160° C).

2. Mezcla la avena, el germen de trigo, las almendras, las semillas de girasol, la canela y la sal en un tazón grande. Agrega el concentrado de jugo, agita bien y distribuye la mezcla de manera regular en una plancha grande para hornear con bordes.

3. Hornea, agitando cada 5 minutos, hasta que esté ligeramente tostada, por cerca de 40 minutos. Coloca la plancha para hornear en una parrilla y enfría a la temperatura ambiental. Agrega los arándanos o pasas, y vierte en un recipiente con tapa o en una bolsa de plástico, y almacena a temperatura ambiente por hasta dos meses (una porción equivale a media taza).

Nota: No utilices almendras o semillas de girasol tostadas en esta receta, porque se quemarán en el horno. Evita las versiones empacadas que incluyen sal o sazonadores. Puedes adquirir las nueces y semillas crudas en la mayoría de los mercados de alimentos, generalmente en la sección de venta al granel, y en casi todas las tiendas naturistas.

Harina de avena con fruta seca

ANÁLISIS NUTRIMENTAL	
Calorías	369
Proteínas	19 g
Carbohidratos	65 g
Grasa total	4 g
Grasa saturada	1 g
Colesterol	5 mg
Fibra	8 g
Azúcares	7 g
Sodio	221 mg

Cada porción cuenta como 1 carbohidrato feculento, 1 fruta y 1 producto lácteo bajo en grasa.

Una excelente manera de ayudarte a controlar el hambre por más tiempo consiste en comenzar tu día con un sabroso tazón de avena, enriquecido con fruta seca y los 8 gramos de fibra que esta combinación proporciona. Mi hijo mayor, Jay, dio a conocer a nuestra familia las cerezas secas, que son un bocadillo sensacional para reemplazar los dulces. Las cerezas frescas agregan a la avena su dulzura natural así como los nutrientes que contienen.

4 porciones

4 tazas de leche sin grasa
6 mitades de albaricoque seco, de preferencia de
    la variedad "California", cortadas en trocitos

1/4 de taza de pasas
1/4 de taza de cerezas secas o arándanos secos
3 tazas de harina de avena en rollos al estilo antiguo, sin cocinar (no de cocimiento rápido)
1/2 cucharadita de canela molida
1/2 cucharadita de extracto de almendra
1/4 de cucharadita de sal

1. Calienta la leche en una olla grande colocada a fuego medio-alto. Revuelve los albaricoques, pasas y cerezas o arándanos. Agrega y mezcla la avena. Reduce la flama a baja y cuece, agitando frecuentemente, durante 2 minutos.

2. Agrega la canela, el extracto de almendra y la sal, y continúa cociendo y agitando la mezcla hasta que adquiera una consistencia cremosa, ajustando la flama de manera que el líquido se asiente muy lentamente, durante aproximadamente 3 minutos más. Retira la olla del fuego y deja reposar por 3 minutos antes de servir.

Salvado de avena sabor manzana

ANÁLISIS NUTRIMENTAL

Calorías	112
Proteínas	4 g
Carbohidratos	23 g
Grasa total	2 g
Grasa saturada	0 g
Colesterol	0 mg
Fibra	4 g
Azúcares	0 g
Sodio	15 mg

Cada porción cuenta como 1 carbohidrato feculento y 1/2 fruta.

El salvado de avena es una fuente generosa de fibra soluble, conocida por su efectividad para reducir el colesterol dañino cuando se ingiere de manera conjunta con una dieta baja en grasas. En esta receta el salvado de avena se une a las manzanas secas, que también contienen mucha fibra, para confeccionar un desayuno nutritivo y saludable para el corazón.

4 porciones

3 tazas de agua
1 taza de salvado de avena
10 anillos de manzana secos, sin endulzantes, cortados en trocitos finos.
1 cucharadita de especia para preparar pastel de manzana

Coloca todos los ingredientes en un tazón grande y revuélvelos bien. Coloca la mezcla en el horno de microondas a un grado alto durante dos minutos. Calienta por periodos adicionales de 1 minuto cada uno, agitando la mezcla cada vez, hasta que el agua haya sido totalmente absorbida, durante aproximadamente 2 minutos más. Deja reposar durante 5 minutos antes de servir.

Chili con sémola y cheddar

ANÁLISIS NUTRIMENTAL

Calorías	98
Proteínas	5 g
Carbohidratos	16 g
Grasa total	1 g
Grasa saturada	0.5 g
Colesterol	3 mg
Fibra	0.5 g
Azúcares	0 g
Sodio	280 mg

Cada porción cuenta como 1 carbohidrato feculento.

La sémola y el queso son un alimento frecuente para desayunar en nuestra casa; esta receta reduce la grasa de manera considerable al utilizar queso bajo en grasas o sin grasas. Las especias le dan a la sémola un sabor inesperado.

4 porciones

2 1/4 tazas de agua, y más de ser necesario

1/2 taza de sémola de rápida cocción, amarilla o blanca

1/2 taza de queso cheddar sin grasa o bajo en grasa, rallado (2 onzas)

1/4 taza de chiles verdes enlatados, cortados en trocitos, suaves o picantes

1/2 cucharadita de comino molido

1/2 cucharadita de orégano seco

1/2 cucharadita de sal

1/4 de cucharadita de ajo en polvo

1. Hierve el agua en una olla grande, de preferencia con teflón, colocada sobre fuego a flama alta, y vierte la sémola. Cubre la olla y reduce la flama, a baja. Cuece la sémola, agitando frecuentemente, hasta que absorba el agua, durante cerca de 5 minutos.

2. Vierte el queso, los chiles, el comino, el orégano, la sal y el ajo en polvo y cuece, agitando constantemente, hasta que esos ingredientes estén bien mezclados y la mezcla esté burbujeante, durante cerca de 2 minutos. Si la sémola se vuelve muy espesa y se pega a la olla, agrega más agua, 2 cucharadas cada vez, para adelgazar. Retira del fuego y deja reposar durante 3 minutos antes de servir.

Panecillos de salvado, naranja y pasas

ANÁLISIS NUTRIMENTAL

Calorías	102
Proteínas	3 g
Carbohidratos	17 g
Grasa total	3 g
Grasa saturada	0 g
Colesterol	18 mg
Fibra	3 g
Azúcares	3 g
Sodio	131 mg

Cada porción cuenta como 1 carbohidrato feculento.

Estos panecillos son perfectos para el desayuno dominical, y convenientes como una golosina para llevar durante los días laborales. Proporcionan el tipo de carbohidratos de costo de respuesta alto y beneficios altos que todos nosotros deberíamos comer con mayor frecuencia: harina de trigo entero, salvado de cereal rico en fibras y endulzantes de jugo natural.

12 panecillos

12 envolutras de papel para panecillos
3/4 de taza de leche sin grasa
1/2 taza de concentrado de jugo de naranja congelado, descongelado
2 cucharadas de aceite de canola
1 cucharadita de extracto de vainilla
1 huevo grande, ligeramente batido, o 1/4 de taza de sustituto de huevo pasteurizado
2 tazas de cereal Raisin Bran
1 taza de harina de trigo entero
Sustituto de azúcar granulada equivalente a 2 cucharadas de azúcar (consulta el paquete)
1 cucharada de polvo para hornear
1 cucharadita de canela molida
1/2 cucharadita de sal

1. Coloca una parrilla en el centro del horno y caliéntalo a 400°F (Aproximadamente 204° C). Coloca las envolturas de papel en una charola para hornear 12 panecillos.

2. Bate la leche, el concentrado de jugo de naranja, el aceite, la vainilla y el huevo o el sustituto de huevo en un tazón mediano hasta que tenga una consistencia uniforme, y colócalo a un lado.

3. Mezcla el cereal Raisin Bran, la harina de trigo entero, el sustituto de azúcar, el polvo para hornear, la canela y la sal en un segundo tazón, hasta que adquiera consistencia uniforme.

4. Vierte la mezcla de la leche en la de los ingredientes secos y agita hasta que los ingredientes secos se humedezcan (está bien si aparecen algunos pequeños grumos). Con una cuchara, vierte suficiente masa en cada copa para panecillo hasta que esté a 2/3 de llenarse. (Guarda el resto de la masa para una segunda ronda de panecillos, si lo deseas).

5. Hornea hasta que adquiera un tono dorado oscuro, cerca de 18 a 20 minutos. Un palillo de dientes instertado en el centro de uno de los panecillos debe salir limpio. Enfría los panecillos en la charola durante 3 minutos, y sirve inmediatamente o transfiere los panecillos a una parrilla para enfriar completamente. Almacena los panecillos en un recipiente hermético a temperatura ambiente hasta por 3 días.

Panecillo de salvado y compota de manzana

Análisis Nutrimental

Calorías	108
Proteínas	4 g
Carbohidratos	17 g
Grasa total	3 g
Grasa saturada	1 g
Colesterol	1 mg
Fibra	4 g
Azúcares	1 g
Sodio	98 mg

Cada porción cuenta como 1 carbohidrato feculento.

No es posible exagerar acerca de la importancia de incorporar más fibra a tu dieta, y estos sabrosísimos panecillos son una manera de lograrlo. Puedes hacer esta masa rica y nutritiva con anticipación y guardarla en tu refrigerador hasta por tres semanas, de manera que esté lista en cualquier momento en que quieras hornear unos cuantos de estos panecillos frescos para el desayuno. El endulzante sin calorías transforma estos panecillos en manjares sin azúcar, con el fin de que puedas sentirte bien al disfrutarlos.

24 panecillos

1 1/2 tazas de cereal All-Bran
1 taza de salvado de avena
3/4 de taza de salvado de trigo
1/2 taza de harina de avena en rollos al estilo antiguo, sin cocinar (no de cocimiento rápido)
2 1/2 tazas de agua hirviente
2 tazas de harina de trigo entero
Sustituto de azúcar granulada equivalente a 1/2 taza de azúcar (consulta el paquete)
2 cucharadas de bicarbonato de sosa
1 cucharadita de canela molida
1 cucharadita de sal
2 tazas de suero de leche bajo en grasa o sin grasa
3/4 de taza de compota de manzana sin endulzante
1/2 taza de sustituto de huevo pasteurizado
1/4 de taza de aceite de canola

Panecillos de salvado y compota de manzana, p. 96,
y Licuado "amanecer" fácil de preparar, p. 100.

Tortilla de tomate y champiñones, p. 78.

Gazpacho instantáneo, p. 104.

Ensalada de fideos "soba", p. 110.

Ensalada de atún a la plancha, p. 112.

Tabule estilo curry, p. 116.

El nuevo emparedado BLT, p. 121.

Vegetales a la parrilla envueltos en tortilla, p. 124.

Envolturas de papel para panecillos, cuantas sean
necesarias

1. Mezcla el cereal "All-Bran", el salvado de avena, el salvado de trigo y la harina de avena en rollos en un tazón grande. Vierte el agua hirviente y
agita hasta que se hayan humedecido totalmente.
Deja que la mezcla repose durante 15 minutos.

2. Entre tanto mezcla la harina de trigo entero, el
sustituto de azúcar, el bicarbonato de sosa, la canela y la sal en otro tazón grande.

3. Aplasta y elimina los gránulos en la mezcla del
salvado, y vierte el suero de soya, la compota de
manzana, el sustituto de huevo y el aceite hasta
que se reblandezca. Vierte la mezcla de harina de
trigo entero y agita hasta que los ingredientes estén bien revueltos. La masa será espesa, así que
puede resultar más sencillo si utilizas una mezcladora eléctrica o un pasapurés. Cubre y refrigera hasta por 3 semanas.

4. Para hornear los panecillos, coloca una parrilla
en el centro del horno y caliéntalo a 375° F
(Aproximadamente 190° C). Coloca tantas envolturas de panecillo como desees y vierte la mezcla
en las envolturas hasta que cada una esté a 2/3 de
su capacidad de llenado (ver nota).

5. Hornea hasta que los panecillos esponjen y se
doren, por cerca de 25 a 30 minutos. Un palillo de
dientes insertado en uno de los panecillos debe
salir limpio. Enfría los panecillos por 3 minutos,
y sírvelos inmediatamente o transfiérelos a una
parrilla para enfriarlos completamente. Los panecillos horneados pueden ser almacenados en un

recipiente hermético a temperatura ambiente hasta por 3 días.

Nota: Si estás horneando menos panecillos del número total posible en la charola, vierte agua en los huecos vacantes hasta llenarlos a la mitad. Esto mantendrá el calor equilibrado y evitará que la charola se deforme.

Licuado de durazno

ANÁLISIS NUTRIMENTAL

Calorías	103
Proteínas	4 g
Carbohidratos	20 g
Grasa total	1 g
Grasa saturada	0.5 g
Colesterol	2 mg
Fibra	3 g
Azúcares	3 g
Sodio	33 mg

Cada porción cuenta como 1 fruta y 1/4 de producto lácteo bajo en grasa.

Para un desayuno ingerido de prisa o incluso por un bocadillo entre comidas, existen pocas cosas más llenadoras o satisfactorias que un licuado de frutas. Este licuado proporciona tres tipos de fruta, de manera que tu cuerpo obtiene una variedad de vitaminas, minerales, antioxidantes y carbohidratos saludables, que son importantes para mantener la salud y un alto nivel de energía.

2 porciones

1/2 taza de duraznos congelados, rebanados
1/2 taza de frambuesas
1/2 taza de yogur de vainilla, sin grasa y sin azúcar
1 cucharada de germen de trigo
Sustituto de azúcar granulada equivalente a una cucharada de azúcar, opcional (Consulta el paquete)
1 taza de hielo (ver nota)
1/4 de taza de concentrado de jugo de naranja sin endulzante, descongelado

Coloca los ingredientes en el orden descrito en una gran licuadora. Activa la licuadora una o dos veces, y luego mezcla hasta que se asiente.

Nota: Para obtener mejores resultados, permite que el hielo se derrita ligeramente, generalmente por cerca de 5 minutos a temperatura ambiente. De ser posible utiliza cubos pequeños, no molidos o picados, pero tampoco del tamaño estándar. Si estás utilizando charolillas de tamaño estándar, trata de llenarlas con agua fría (en vez de caliente) antes de congelar. Los cubos resultantes tendrán mayor tendencia a estrellarse.

Licuado "amanecer" fácil de preparar

ANÁLISIS NUTRIMENTAL

Calorías	98
Proteínas	1 g
Carbohidratos	24 g
Grasa total	1 g
Grasa saturada	0 g
Colesterol	0 mg
Fibra	6 g
Azúcares	0 g
Sodio	2 mg

Cada porción cuenta como 1 fruta.

Con esta mezcla de frutas, el licuado constituye una manera magnífica de preparar la comida saludable rápidamente, incluye una larga lista de nutrientes, además de vitamina C, potasio y fibra.

8 porciones de mezcla de fruta para preparar 8 licuados

Mezcla de fruta congelada:

2 tazas de zarzamoras, frescas o congeladas
2 tazas de frambuesas, frescas o congeladas
2 tazas de fresas rebanadas frescas
2 plátanos grandes y maduros, en rebanadas delgadas

Licuados individuales

1 taza de jugo de manzana sin endulzante
1/4 de cucharita de extracto de vainilla

1. Mezcla las zarzamoras, las frambuesas, las fresas y los plátanos en una bolsa de plástico grande y congela durante la noche. La fruta puede conservarse en el congelador hasta por 4 meses.

2. Para hacer un licuado, coloca una taza de la mezcla de frutas en la licuadora. Agrega el jugo de manzana y la vainilla y mezcla hasta formar el licuado.

Comidas

La buena nutrición, el ejercicio y el adecuado manejo del peso produce un poderoso sentimiento de bienestar. Sin embargo, en ocasiones ponemos en riesgo nuestra salud al comer de prisa sin pensar mucho en nuestras preferencias alimenticias o en lo que hacen a nuestras cinturas. La creación de un estilo de vida nuevo y saludable significa realizar elecciones conscientes y bien pensadas en cada ingesta. La comida, por ejemplo, debe ser una oportunidad saludable de recargar tu energía para enfrentar el resto del día de manera productiva, por lo que tú desearás elegir alimentos que te ayuden a lograr precisamente eso.

De acuerdo con lo anterior, las selecciones para la comida de este capítulo, incluyendo sopas, ensaladas y emparedados, proporcionan valor nutrimental y contenido para revitalizarte. La mayoría de las sopas, además de ser nutritivas y saludables, apoyan la pérdida y el control del peso, y por lo tanto se encuentran entre los mejores alimentos de costo de respuesta alto y beneficios altos que puedes incluir en cualquier comida. Las espectaculares ensaladas que encontrarás en este libro no sólo pueden tener un gran impacto en el perfil de tus vitaminas, sino que también incluyen frutas y vegetales que pueden ayudarte a combatir las enfermedades. Y si has estado atrapada en el ciclo de las hamburguesas y las papas fritas, los emparedados serán tu rescate.

Así que, empezando hoy mismo, revisa nuevamente la manera en que te alimentas al mediodía, y cambia tus estándares. Comer bien te hará sentirte bien acerca de tu cuerpo, de manera que tendrás una motivación natural para desear cuidar del mismo.

Crema de Coliflor sin crema

ANÁLISIS NUTRIMENTAL

Calorías	78
Proteínas	3 g
Carbohidratos	15 g
Grasa total	2 g
Grasa saturada	0 g
Colesterol	0 mg
Fibra	2 g
Azúcares	0 g
Sodio	101 mg

Cada porción cuenta como 1 vegetal no feculento. (La papa es utilizada para espesar la sopa y es una fuente de fécula sin importancia en esta receta).

Comer sopas de costo de respuesta alto y beneficios altos te ayuda a sentirte satisfecha y hace más sencilla la tarea de obtener los nutrientes que requieres mientras que, al mismo tiempo, consumes menos calorías. Si tienes problemas para controlar tu deseo de atiborrarte durante las comidas, una sopa ligera como ésta mejorará tus posibilidades de perder peso. Para prevenir que la sopa se torne café cuando la sirvas, asegúrate de no cocer demasiado las verduras.

6 porciones

2 cucharaditas de aceite de canola

1 cebolla mediana, cortada en trocitos, o 3/4 de cebolla congelada cortada en trocitos.

2 tallos de apio, cortado en trozos

1 coliflor pequeña, cortada en pedazos, o cuatro tazas de pedazos de coliflor congelada, descongelada

1 papa roja mediana (de aproximadamente 12 onzas), pelada y cortada en cuadritos.

1 cucharadita de salvia

1 cucharadita de tomillo seco

1 cucharadita de mostaza seca

1 cucharadita de semillas de apio

4 tazas de consomé de vegetales sin sal, sin grasa

1/2 cucharadita de sal

1/4 de cucharadita de pimienta negra recién molida

3 cucharadas de pasas, para aderezar

1. Calienta el aceite en una olla grande sobre fuego lento. Agrega la cebolla y el apio, y agítalos
frecuentemente hasta que se doren, cerca de 5
minutos. Si la cebolla comienza a oscurecerse, baja
la flama.

2. Agrega la coliflor y la papa en trocitos y cuécelas, removiendo durante un minuto. Esparce la
salvia, el tomillo, la mostaza y las semillas de apio
sobre los vegetales, remueve bien y cuécelos hasta que suelten su aroma, cerca de 20 segundos.

3. Vierte el consomé y haz que la mezcla hierva.
Cubre la olla, reduce la flama a baja y hierve cerca
de 15 minutos, hasta que la papa y la coliflor estén
suaves cuando las pinches con un tenedor.

4. Convierte la sopa en puré —por partes de ser
necesario— en un procesador de alimentos dotado
con un cuchillo para cortar en trozos, o en una licuadora grande. Regresa el puré a la olla, vuelve a
colocarla sobre el fuego en grado medio, y cocina
hasta que esté caliente, cerca de 1 minuto. Sazona
con sal y pimienta, vierte la sopa en tazones y cubre cada porción con 1/2 cucharada de pasas.

Gazpacho instantáneo

Análisis Nutrimental

Calorías	54
Proteínas	2 g
Carbohidratos	11 g
Grasa total	0 g
Grasa saturada	0 g
Colesterol	0 mg
Fibra	2 g
Azúcares	5 g
Sodio	399 mg

Cada porción cuenta como 1 vegetal no feculento.

Los planes alimenticios que sigues en *La solución definitiva al sobrepeso* no establecen límites para las cantidades de vegetales no feculentos que puedes comer. Estos vegetales son los alimentos que contienen más nutrientes y menos calorías que puedes incluir en tu dieta. Mientras más consumas estos alimentos, menos espacio —o deseo— tendrás para los alimentos de costo de respuesta bajo y beneficios bajos. Esta deliciosa sopa fría es una manera fácil de comer más vegetales. Puede ser preparada con anticipación, y sabe todavía mejor al segundo día.

10 porciones

6 tazas de jugo V-8
1/4 de taza de jugo de limón recién exprimido
1 cebolla roja mediana, cortada en trozos pequeños
3 tallos de apio, picados
2 dientes de ajo, picados
1 pepino verde, sin núcleo, sin semillas, y cortado en trozos pequeños
1 pepino grande, pelado y cortado en trozos pequeños (ver la nota)
1 cucharada de salsa inglesa (Worcestershire)
2 cucharaditas de sal
1/2 cucharadita de pimienta negra recién molida
3 a 5 gotas de salsa Tabasco

Coloca todos los ingredientes en un tazón grande y revuélvelos bien. Cubre y refrigera por al menos 2 horas, o de preferencia a lo largo de la noche. El gazpacho puede conservarse en el refrigerador, bien cubierto, hasta por 5 días.

Nota: Si lo deseas, remueve las semillas del pepino antes de cortarlo. Después de pelarlo, corta el pepino a la mitad de manera longitudinal, formando dos "canoas". Utiliza una cucharita o una cuchara para toronja y remueve las semillas y las membranas internas.

Sopa de puerros y champiñones

ANÁLISIS NUTRIMENTAL

Calorías	85
Proteínas	3 g
Carbohidratos	15 g
Grasa total	2.5 g
Grasa saturada	0 g
Colesterol	0 mg
Fibra	2 g
Azúcares	0 g
Sodio	228 mg

Cada porción cuenta como 1 vegetal no feculento.

En las vidas complejas y ajetreadas que vivimos, con hijos, empleos, familia, actividades como voluntarios y otras exigencias de nuestro tiempo, a menudo queda poco tiempo disponible para pensar y preparar comidas nutritivas para cada día de la semana. Sopas rápidas y fáciles de preparar como ésta ayudan a resolver ese problema. Es la "comida-rápida" que puedes hacer por ti misma, sencilla, baja en grasa y muy nutritiva. Los vegetales que constituyen su base son ricos en fitonutrientes, lo que aporta a la mesa una gran variedad de beneficios para la protección de la salud.

6 porciones

2 cucharaditas de aceite de oliva

3 puerros grandes, cortados en rebanadas delgadas (ver nota 1)

8 onzas de tallos de champiñones, limpios y cortados en rebanadas delgadas (aproximadamente 5 tazas de champiñones rebanados)

3 jitomates medianos, cortados en trocitos (ver nota 2)

2 cucharaditas de estragón seco

1 1/4 cucharaditas de mostaza seca

3 tazas de consomé de vegetales sin sal y sin grasa

3/4 de cucharadita de sal

1/2 cucharadita de pimienta negra recién molida

1. Calienta el aceite en una sartén grande con la flama media. Añade los puerros y cuécelos, removiendo hasta que se suavicen, durante 2 minu-

tos. Agrega los champiñones y jitomates y cuécelos, removiendo frecuentemente, hasta que los champiñones desprendan su jugo y éste hierva, aproximadamente 3 minutos.

2. Vierte el estragón y la mostaza seca, y agrega el consomé y vuelve a llevar la mezcla al punto de hervir. Cubre la sartén, reduce la flama, a baja y hierve por 15 minutos. Sazona con sal y pimienta, sirve inmediatamente.

Nota 1: Los puerros son famosos por llevar tierra. Para remover la arenilla, rebánalos a la mitad de manera longitudinal, y deja la punta de la raíz interna intacta con el fin de que el puerro no se desmorone. Separa suavemente los anillos interiores bajo agua corriente fría, y lava cualquier arenilla sin dejar que los anillos se separen. Rebana y desprende la punta de la raíz, y a continuación corta las mitades de puerro en anillos, separando las secciones blancas y la primera parte de las secciones verde pálido. Deshecha las hojas superiores, más oscuras y duras.

Nota 2: Sencillamente por cuestiones estéticas, algunos cocineros prefieren retirar las semillas de los jitomates con el fin de no tenerlas flotando en la sopa una vez terminada. Para hacer lo anterior, corta los jitomates en cuartos, y remueve la pulpa y las semillas utilizando tus dedos o tu pulgar. Corta las secciones limpias del jitomate como se indica.

Sopa del termo

Análisis Nutrimental

Calorías	159
Proteínas	9 g
Carbohidratos	31 g
Grasa total	3 g
Grasa saturada	0 g
Colesterol	0 mg
Fibra	8 g
Azúcares	0 g
Sodio	318 mg

Cada porción cuenta como 1 vegetal no feculento y 1/2 vegetal feculento.

Si normalmente adquieres bocadillos o alimentos de costo de respuesta bajo y beneficios bajos de las máquinas expendedoras del sitio donde trabajas, es tiempo de revaluar lo que estás haciendo y realizar algunos cambios. Lo que yo recomendaría es que comenzaras a empacar tu propio Comida con el fin de debilitar y eliminar tu hábito de acudir a la máquina expendedora. Comienza con esta sopa rápida y nutritiva. Simplemente coloca los ingredientes en tu termo y al mediodía tendrás una sopa capaz de suprimir el hambre. El truco consiste en asegurarte que la zanahoria y el apio estén picados finamente en cubos de 1/2 centímetro, de ser posible.

1 porción

1 1/2 tazas de consomé de vegetales, sin sal y sin grasa
1/4 de taza de hojas de espinaca (aproximadamente 20 hojas pequeñas)
1/4 de taza de maíz congelado, descongelado
1 zanahoria pequeña, picada
1 tallo de apio pequeño, picado
1 cucharadita de cebolla deshidratada, picada

1. Hierve el consomé en una olla pequeña sobre fuego a flama alta. De manera alternativa puedes llevar el consomé al punto de ebullición en un recipiente para horno de microondas, activando el horno de microondas en un grado alto durante 3 minutos.

2. Coloca la espinaca, el maíz, la zanahoria, el apio y la cebolla picada en un termo de dos tazas. Vierte el consomé y cierra el termo herméticamente. Deja reposar por al menos 3 horas, o hasta 5 horas, para formar una sopa rica.

Ensalada de fideos "soba"

ANÁLISIS NUTRIMENTAL	
Calorías	128
Proteínas	5.5 g
Carbohidratos	22 g
Grasa total	3 g
Grasa saturada	0.5 g
Colesterol	0 mg
Fibra	2.5 g
Azúcares	1 g
Sodio	310 mg

Cada porción cuenta como 1 1/3 de carbohidratos feculentos.

Los fideos "soba" son fideos japoneses tradicionales elaborados con harina de trigo rica en fibra. Puedes encontrarlos en el pasillo de comida oriental de muchos supermercados y en casi todas las tiendas de comestibles. Esta ensalada de inspiración asiática es fácil de preparar y es propia de cualquier evento, desde una fiesta hasta un día de campo.

6 porciones

1/4 de taza de vinagre de aceite o de vinagre de vino blanco
3 cucharadas de salsa de soya baja en sodio
1 cucharada de aceite de ajonjolí tostado
3 tazas de fideos "soba" cocidos
1 pimiento grande, rojo o verde, sin núcleo, sin semillas y cortado en rebanadas delgadas
1 taza de maíz congelado, descongelado
3/4 de taza de guisantes de olor frescos, o 3/4 de taza de guisantes de olor congelados, descongelados
5 cebollinos medianos, sólo la parte verde, cortada en trocitos de aproximadamente 2 centímetros
1/4 de taza de hojas de cilantro fresco, picadas
2 cucharadas de hojas de menta fresca, picadas

1. Bate el vinagre, la salsa de soya y el aceite de ajonjolí en un pequeño tazón y colócalo a un lado.

2. Coloca los fideos, el pimiento, el maíz, los guisantes, los cebollinos, el cilantro y la menta en un tazón grande. A continuación vierte el aderezo de

vinagre (si se ha separado, bate nuevamente antes
de añadir). Revuelve bien y sirve inmediatamente. Cubre el recipiente y enfría en el refrigerador
hasta por 24 horas.

Ensalada de atún a la plancha

Análisis Nutrimental

Calorías	218
Proteínas	36 g
Carbohidratos	6 g
Grasa total	5 g
Grasa saturada	1 g
Colesterol	66 mg
Fibra	2 g
Azúcares	0 g
Sodio	191 mg

Cada porción cuenta como 1 proteína y 1 vegetal no feculento.Cada porción cuenta como 1 proteína y 1 vegetal no feculento.

Un plan de juego saludable para incrementar tu dosis de grasas omega-3, saludables para el corazón, consiste en encontrar más maneras de cocinar con atún. Prácticamente sin esfuerzo puedes preparar esta ensalada de atún inspirada en un menú de gourmet, y obtener nutrición y sabor al mismo tiempo. Cuando adquieras el atún, asegúrate que sea fresco y pide que te permitan olerlo. El atún debe tener un aroma fresco, como el océano en un día de primavera. En esta receta, el pescado queda mejor si no se lo cuece demasiado, cuando el atún tiene un color rosa en el interior pero está crujiente en el exterior.

4 porciones

2 cebollinos, cortados en pedazos
1 pieza de jengibre fresco, pelado, cortado en cuartos
2 dientes de ajo, pasados por una prensa de ajos
1 libra de filete de atún, de preferencia de calidad para *sushi*
2 cucharaditas de salsa de soya baja en sodio
2 cucharaditas de aceite de ajonjolí tostado
6 tazas de verduras mixtas
1 pepino cortado en rebanadas delgadas
1 zanahoria rallada en un rallador de agujeros grandes
2 cucharadas y 2 cucharaditas de vinagre balsámico

1. Coloca los cebollinos y el jengibre en una tabla para cortar y pícalos casi hasta formar una pasta al mecer el filo del cuchillo de cocina de un lado al otro, haciéndolo rotar lentamente. Continúa haciendo lo anterior hasta que la mezcla quede finamente picada.

Como alternativa puedes colocar los cebollinos y el jengibre en un pequeño procesador de alimentos y activarlo hasta que quede finamente picado. Coloca la mezcla de cebollinos en un pequeño tazón y mezcla con el ajo prensado para formar una pasta.

2. Cepilla ambos lados del atún con la salsa de soya. Aplica la mezcla de especias en ambos lados y deja reposar por 5 minutos a temperatura ambiente.

3. Calienta una sartén grande con teflón o una sartén de hierro sobre fuego en un grado alto hasta que humee. Agrega el aceite y coloca el atún en la sartén. (Ten cuidado, va a salpicar). Cuece por 2 minutos, y luego dale vuelta. Continúa cociendo hasta lograr el grado de cocción deseado, aproximadamente 1 minuto para un "medio cocido", 2 minutos para "tres cuartos" o 4 minutos para "bien cocido" (ver la nota). Transfiere el atún a la tabla de cortar y déjalo reposar a temperatura ambiente por 5 minutos.

4. Mientras tanto acomoda 1 1/2 tazas de verduras y 1/4 del pepino y la zanahoria en cada uno de los cuatro platos. Corta el atún en franjas de aproximadamente 1/2 centímetro, aplicando el cuchillo "contra el grano" para evitar que el filete se desmorone. Coloca 1/4 de las rebanadas sobre cada ensalada. Vierte 2 cucharaditas de vinagre balsámico sobre cada porción. Sirve inmediatamente.

Nota: Puedes observar la cocción del atún desde los lados. El color rosa desaparecerá lentamente en los bordes del filete, indicando de manera aproximada la manera en que desaparece al interior de la pieza de pescado. Pero recuerda que los bordes se cuecen más lentamente que el interior, así que utiliza este método como un indicador aproximado, y no como una prueba totalmente certera.

Ensalada de capas estilo Mexicali

ANÁLISIS NUTRIMENTAL

Calorías	126.5
Proteínas	7 g
Carbohidratos	23 g
Grasa total	4 g
Grasa saturada	0 g
Colesterol	13 mg
Fibra	6 g
Azúcares	0 g
Sodio	522 mg

Cada porción cuenta como 1 vegetal no feculento y 1 proteína vegetariana (o 1 carbohidrato feculento)

Piensa en esta ensalada como una nueva versión de la ensalada tradicional de siete capas. Es capaz de satisfacer tu apetito y está plena de sabor. Lo que es más importante, es pródiga en fibra, lo que proporciona un gran número de ventajas para controlar el peso y el apetito (para no mencionar una excelente salud digestiva). El uso de la lechuga romana en las ensaladas es una decisión inteligente porque constituye una fuente vital de ácido fólico, una vitamina que ahora sabemos que nos protege contra muchos padecimientos y enfermedades graves.

6 porciones

4 tazas de lechuga romana rallada (aproximadamente 6 hojas grandes)
2 jitomates grandes, cortados en trocitos
1 taza de frijoles bayos enlatados, drenados y enjuagados
1 jícama pequeña, pelada y cortada en pequeñas tiras
3 cebollinos medianos, cortados en rebanadas delgadas
1 taza de maíz congelado, descongelado
1 taza de salsa comercial
1/2 taza de crema ácida baja en grasa
El jugo de un limón
1/2 cucharadita de comino molido

1. Coloca la lechuga, los jitomates, los frijoles, la jícama, los cebollinos y el maíz en una gran cha-

rola de vidrio o en una ensaladera de bordes angulados.

2. Mezcla la salsa, la crema ácida, el jugo de limón y el comino en un pequeño tazón. Vierte con una cuchara la mezcla de la salsa sobre la ensalada, hasta cubrirla. Sirve las porciones individuales con pinzas de ensalada, reuniendo todas las capas y colocándolas en el plato.

Tabule estilo curry

Esta ensalada de pollo baja en grasa y rica en proteínas está inspirada en la cocina del Medio Oriente. Es un Comida sencillo para cocineros conscientes del peso, y dado que puede guardarse en el refrigerador hasta hasta por 3 días, puedes prepararla con anticipación de manera que esté lista para cuando tú lo requieras.

4 porciones

1 taza de trigo molido medio-fino
1 taza de agua hirviente
1/4 de taza de yogur natural sin grasa
2 cucharadas de jugo de limón recién exprimido
2 cucharaditas de polvo de curry
16 tomates tipo "cereza", partidos a la mitad
1 cebolla roja pequeña, picada
2 tallos de apio, finamente rebanados
1/4 de taza de hojas de cilantro fresco, picadas
1/4 de taza de hojas de menta fresca, picadas
1 cucharadita de sal
1/2 cucharadita de pimienta negra recién molida
1 1/2 tazas de pechugas de pollo sin hueso y sin
   pellejo, cocidas, cortadas en trozos pequeños
   (cerca de 3/4 de libra). Opcional (ver la nota)

1. Coloca el trigo molido en un tazón grande, vierte el agua hirviente, y deja reposar hasta que el trigo absorba el agua y se enfríe, cerca de 30 minutos.

2. Mientras tanto, mezcla el yogur, el jugo de limón y el polvo de curry en un pequeño tazón hasta que adquiera consistencia cremosa.

3. Esponja el trigo con un tenedor y agrega los jitomates, la cebolla, el apio, el cilantro, la menta, la sal y la pimienta. Remueve bien los ingredientes. Añade el aderezo de yogur y el pollo, en caso de que lo utilices, y remueve la mezcla hasta que todos los ingredientes queden totalmente cubiertos. Cubre el recipiente y refrigéralo al menos por una hora para mezclar los sabores. La ensalada se conservará, si está cubierta y refrigerada, hasta por 3 días.

Nota: Es posible encontrar pechugas de pollo cocidas y empacadas en muchos mercados. Revisa la etiqueta para asegurarte de que no estén cubiertas de especias que puedan entrar en conflicto con el sabor curry de este platillo. También revisa el contenido de sodio. Si el pollo ha sido inyectado con una solución salina, elimina la sal de la receta.

Ensalada de toronja y quinua

ANÁLISIS NUTRIMENTAL

Calorías	211
Proteínas	5 g
Carbohidratos	36 g
Grasa total	5 g
Grasa saturada	1 g
Colesterol	5 mg
Fibra	3.5 g
Azúcares	8 g
Sodio	334 mg

Cada porción cuenta como 1 vegetal no feculento, 1 carbohidrato feculento, 2/3 de fruta y 1/2 de porción de grasa.

La quinua es la semilla de una planta de hojas grandes parecida a la espinaca, y constituye lo que tú podrías llamar un "supergrano". Es inusualmente pródiga en proteínas para una planta, y ofrece casi la misma cantidad que la correspondiente a una porción de leche. En esta receta se mezcla con fruta, creando una ensalada verdaderamente saludable.

6 porciones

2 tazas de agua
1/2 cucharadita de sal
1 taza de quinua seca, que debes lavar previamente
1 toronja grande
1/2 taza de cerezas secas o pasas
2 cebollinos medianos, cortados en rebanadas delgadas
4 tallos de apio, cortados en rebanadas delgadas
6 cucharadas de aderezo de ensalada César comercial, bajo en grasa

1. Hierve el agua y la sal en una olla mediana colocada sobre fuego alto. Vierte la quinua y vuelve a llevar la mezcla al punto de hervir. Cubre la olla y reduce la flama, a baja, y cuece hasta que el agua sea absorbida y cada pequeño grano tenga un halo transparente alrededor, aproximadamente durante 13 minutos. Retira de la estufa y deja reposar a un lado, cubierta, por 15 minutos.

2. Mientras tanto, corta la toronja a la mitad, no a través del tallo, sino al considerar el tallo como si

fuera el polo Norte y tú cortaras la toronja por el ecuador. Utiliza una cuchara especial para toronja con el fin de retirar las partes de membrana blanca en cada mitad, dejando caer las secciones de la toronja y el jugo en un tazón grande. Vierte las cerezas secas o las pasas, los cebollinos y el apio.

3. Esponja la quinua con un tenedor; agrégala al tazón y revuelve bien. Vierte el aderezo y remueve antes de servir.

Nota: Para lograr una presentación más elegante, sirve la ensalada como relleno de jitomates. Utiliza una cuchara para cortar bolas de melón y retira el núcleo del jitomate, comenzando por el tallo y avanzando hacia arriba, eliminando la pulpa y las semillas pero cuidando de no perforar la piel.

Camarones en bolsa de papel

ANÁLISIS NUTRIMENTAL

Calorías	211
Proteínas	5 g
Carbohidratos	36 g
Grasa total	5 g
Grasa saturada	1 g
Colesterol	5 mg
Fibra	3.5 g
Azúcares	8 g
Sodio	334 mg

Cada porción cuenta como 1 vegetal no feculento y 1 proteína.

Este Comida sencillo se prepara rápidamente, sin muchas molestias pero con mucho sabor. Adquiere camarón cocido congelado en bolsas grandes en la sección de pescados y mariscos del mercado. Una palabra acerca del sentido común y la seguridad: Si vives en un sitio de clima caliente, el camarón puede ser almacenado en el refrigerador hasta que estés lista para comerlo.

1 porción

4 ó 5 camarones de coctel cocidos, congelados (aproximadamente 12 a 15 camarones por libra)
8 zanahorias pequeñas
3 tallos de apio, cortados en trozos de aproximadamente 5 centímetros
2 cucharadas de aderezo para ensalada comercial bajo en grasa o de salsa para coctel.

Coloca el camarón congelado, las zanahorias y el apio en un recipiente de plástico y ciérralo de manera hermética. Coloca el aderezo de ensalada o la salsa para coctel en un segundo recipiente pequeño. Deja reposar a temperatura ambiente por no más de 2 horas, o refrigera hasta por 8 horas, hasta que el camarón esté descongelado y listo para comer. Remoja el camarón, las zanahorias y el apio en el aderezo o la salsa para coctel.

El nuevo emparedado BLT

ANÁLISIS NUTRIMENTAL

Calorías	253
Proteínas	13 g
Carbohidratos	40 g
Grasa total	9 g
Grasa saturada	1 g
Colesterol	20 mg
Fibra	7 g
Azúcares	6 g
Sodio	801 mg

Cada porción cuenta como 1 vegetal no feculento y 1 proteína.

Los emparedados BLT (siglas en inglés de tocino-lechuga-jitomate) son los favoritos en nuestro hogar, pero hemos aprendido a aligerarlos considerablemente al utilizar nuevos productos bajos en grasa que están disponibles en el mercado. Esta adaptación del emparedado tradicional favorito no pierde nada del sabor del original, y tiene un sabor sensacional.

4 porciones

2 cucharadas de mostaza de Dijon
1 cucharada de aderezo Miracle Whip o Miracle Whip ligero.
1/4 de cucharadita de extracto de arce
8 tiras de tocino de pavo o de tocino sin carne
8 rebanadas de pan integral, tostado (ver nota 1)
4 hojas de lechuga romana o de hoja roja, cortadas a la mitad
1 jitomate grande, cortado en 8 rebanadas.

1. Mezcla la mostaza, el aderezo Miracle Whip y el extracto de arce en un tazón pequeño y déjalo reposar a un lado.

2. Calienta una sartén grande con teflón a fuego medio-alto. Agrega el tocino y fríelo hasta que esté crujiente; dale vuelta una vez, por cerca de 2 minutos. Drena el tocino en un plato cubierto con toallas de papel.

3. Distribuye 1/4 de la mezcla de mostaza sobre cada una de las 4 rebanadas de pan tostado.

Cúbrelas con 2 tiras de tocino, 2 mitades de hoja de lechuga y 2 rebanadas de jitomate, y coloca la segunda rebanada de pan tostado. Sirve inmediatamente (ver nota 2).

Nota 1: Si deseas guardar parte de la porción del pan para otro momento del día, puedes hacer un "emparedado abierto", con sólo una rebanada de pan integral como base.

Nota 2: Para empacar tu Comida, conserva los ingredientes separados hasta que estés listo para comer, con el fin de que el pan no se humedezca.

Ensalada de atún envuelta en tortilla

Análisis Nutrimental	
Calorías	209
Proteínas	22 g
Carbohidratos	3 g
Grasa total	1 g
Grasa saturada	1 g
Colesterol	36 mg
Fibra	10 g
Azúcares	0.5 g
Sodio	1361 mg

Cada porción cuenta como 1 vegetal no feculento, 1 carbohidrato feculento y 1 proteína.

Prueba algo nuevo en tu Comida: un platillo envuelto en tortilla en vez de un emparedado. Puedes llevar tu nutrición a un estado mucho mejor durante la comida con la gran densidad de nutrientes del atún y de las tortillas de harina de trigo. Es posible empacar este platillo, pero sólo si mantienes el relleno y la tortilla por separado para evitar que la tortilla se humedezca a lo largo de la mañana. Almacena el relleno en el refrigerador para que la mayonesa no se eche a perder.

2 porciones

1 lata (6 onzas) de atún blanco empacado en agua, drenado.

1 tallo de apio, picado

1 pepinillo en salmuera pequeño, picado

3 cucharadas de mayonesa sin grasa o aderezo Miracle Whip ligero

2 cucharadas de cebolla roja cortada en trocitos
2 cucharadas de jugo de limón recién exprimido
1/2 cucharadita de eneldo seco, o 1 cucharadita
    de eneldo fresco empacado, picado
1/4 cucharadita de sal
1/4 cucharadita de pimienta negra recién molida
2 tortillas de harina de trigo sin grasa

1. Mezcla el atún, el apio, el pepinillo, la mayonesa, la cebolla, el jugo de limón, el eneldo, la sal
y la pimienta en un tazón mediano. Cubre y almacena en el refrigerador hasta por 24 horas.

2. Para crear el platillo, coloca con una cuchara
cerca de 1/2 taza de relleno en cada tortilla, y enróllala.

Vegetales a la parilla envueltos en tortilla

ANÁLISIS NUTRIMENTAL

Calorías	166
Proteínas	8 g
Carbohidratos	31 g
Grasa total	2 g
Grasa saturada	0 g
Colesterol	0 mg
Fibra	14 g
Azúcares	0 g
Sodio	309 mg

Cada porción cuenta como 1 vegetal no feculento, 1 carbohidrato feculento y una cantidad insignificante de proteína vegetal proporcionada por las alubias.

Este platillo vegetariano no utiliza la mayonesa, sino las alubias como sustituto nutritivo y sin grasa. Las tortillas de harina de trigo son un ejemplo de carbohidratos de costo de respuesta alto y beneficios altos que permiten tener una secreción más lenta y sostenida de glucosa en el torrente sanguíneo, en comparación con los carbohidratos de costo de respuesta bajo y beneficios bajos como el pan blanco. Si vas a utilizar una parrilla, cuece los vegetales la noche anterior y refrigéralos, cubiertos, hasta el día siguiente. Las alubias también pueden ser cocinadas por su cuenta y servidas para comer con el apio y las zanahorias pequeñas. Si se les cubre y refrigera pueden mantenerse frescas hasta por 3 días.

6 porciones

3 zucchini grandes, cortados de manera longitudinal en tiras de 1/2 centímetro de grosor
2 cebollas rojas medianas, cortadas en rebanadas de 1/2 centímetro de grosor
1 taza de alubias enlatadas, lavadas y drenadas
1 chile morrón, enjuagado
1 cucharada de tahini (ver la nota)
1 cucharadita de pimienta limón sin sal
1 cucharadita de comino molido
1/2 cucharadita de sal
6 tortillas de harina de trigo sin grasa

1. Prepara la parrilla al carbón al colocar un lecho de trozos de carbón y coloca la parrilla aproximadamente 10 a 15 centímetros encima, o calienta una parrilla de gas a flama alta. Asa las tiras de zucchini y las rebanadas de cebolla hasta que se tuesten y se tornen ligeramente suaves, cerca de 3 minutos, y dales vuelta una vez. Colócalas en un platón y déjalas a un lado.

2. Coloca las alubias, el chile morrón, el tahini, la pimienta limón, el comino y la sal en un procesador de alimentos dotado con una cuchilla para picar, un procesador de alimentos pequeño o una licuadora de base amplia. Procesa o mezcla hasta licuar, por cerca de un minuto.

3. Unta 2 1/2 cucharadas del puré de alubias en las tortillas y añade a cada una de ellas 1/6 de los vegetales asados. Enrolla las tortillas y sírvelas de inmediato, o envuélvelas en plástico y consérvalas a temperatura ambiente por 3 horas, o refrigéralas hasta por 24 horas.

Nota: *Tahini* es una pasta formada con semillas de ajonjolí tostadas, como si fuera una "mantequilla de cacahuate" hecha de semillas de ajonjolí. De ser posible, adquiérela al granel en un mercado naturista o de comida especializada, con el fin de que puedas utilizar exactamente la cantidad que necesitas. O bien puedes comprarla en tarros de vidrio con el fin de saber si se decolora y forma franjas secas, de color café oscuro. Si lo hace, no la uses. Puedes guardar el tahini en el refrigerador, cerrada herméticamente, hasta por 6 meses.

Platos fuertes y guarniciones

Compartir la comida con tu familia o con alguien que amas conlleva el potencial de ser una experiencia tremendamente saludable, constructiva, positiva, incluso íntima. El problema es que sólo unas cuantas familias en Estados Unidos se reúnen actualmente para comer. Debido a que vivimos en una época en que estamos distraídos la mayor parte del tiempo —cuando vamos al trabajo, a recoger a los chicos que practican deporte, al regresar a casa, al comer apresuradamente y dirigirnos al televisor o a leer un libro—, entre toda esa hiperactividad y diversión queda poco tiempo que podemos pasar de manera significativa con quienes comparten nuestras vidas. Nos hemos acostumbrado a ese estilo de vida caótico y apresurado.

El reto que me gustaría plantearte consiste en cambiar esas realidades y comportamientos. Encuentra la manera de reunir a toda tu familia a la mesa, sin importar que eso signifique planificar unas cuantas noches durante la semana cuando todos están en casa, o destinar un lapso razonable de tiempo para cenar. (¿Quién dijo que la hora de la cena debe durar una hora?) Sentarse a comer en familia puede ser también la ocasión más importante para comunicarte con ellos a lo largo del día. Las investigaciones han demostrado que mientras más frecuentemente cenes con tu familia, menos posibilidades existen de que tus hijos comiencen a fumar, a beber o a consumir drogas ilegales. También constituye una de las mejores maneras que conozco para que tú y tu marido enseñen a sus hijos hábitos alimenticios más saludables y mejores habilidades sociales. En pocas palabras, comer en familia puede ayudar a lograr que tu familia se mantenga unida, conectada y saludable.

Permite que este capítulo, con sus platos fuertes y guarniciones nutritivos y sabrosos, constituyan el punto de inicio para preparar las cenas que tu familia disfrutará, y simultáneamente para crear una atmósfera amable durante la comida. Hay un poco para todos en estas páginas, desde los platos principales hechos con carne, aves o pescados, hasta aquellos que son totalmente vegetarianos.

De manera que ayuda a que tus seres queridos se desarrollen en todos los niveles posibles: físico, emocional y social. Toma un poco de tiempo y energía que normalmente dedicarías a otras cosas e inviértelo en mejorar el tiempo que pasas con tu familia.

Filete de res con yerbas

ANÁLISIS NUTRIMENTAL

Calorías	318
Proteínas	43 g
Carbohidratos	1 g
Grasa total	5 g
Grasa saturada	5 g
Colesterol	127 mg
Fibra	0 g
Azúcares	0 g
Sodio	212 mg

Cada porción cuenta como 1 proteína.

Si deseas que tu peso sea más bajo de lo que ha sido en el pasado, es mejor que selecciones cortes de carne bajos en grasa, como el filete de res. Preparar filetes de res con yerbas frescas es la mejor manera de lograrlo, debido a que la carne adquiere los sabores especiales de aquello con que se le acompaña.

9 porciones

1/4 taza de perejil de hoja plana, fresco, cortado en trocitos
2 cucharadas de hojas de estragón fresco, cortado en trocitos
1 cucharada de hojas de tomillo fresco, picado
1/2 cucharadita de sal
1/4 de cucharadita de pimienta negra recién molida
3 libras de filete de res, limpias de grasa exterior
2 dientes de ajo, cortado en trocitos
1/4 de taza de mostaza de Dijon (suave, sin granos)

1. Calienta el horno a 400° F (Aproximadamente 205° C). Mezcla el perejil, el estragón, el tomillo, la sal y la pimienta en un platón grande.

2. Con ayuda de un cuchillo para pelar, haz un número de hendiduras en la superficie del filete de res equivalente al número de trocitos de ajo que tengas, en la superficie redonda pero no en las puntas. Coloca un trocito de ajo en cada hendidura. Unta la mostaza de manera regular en el filete, incluyendo las puntas; haz rodar la carne sobre la mezcla de yerbas, presionando con el fin

de que las yerbas se adhieran a la superficie; a continuación coloca la carne en una sartén para rostizar o para hornear.

3. Cuece la carne a "término medio", o hasta que el termómetro instantáneo insertado en el centro del filete registre 135° F (Aproximadamente 60° C), por cerca de 50 minutos; o "término tres cuartos", hasta que el termómetro instantáneo registre 150° F (Aproximadamente 65° C) por cerca de una hora. (Revisa la temperatura después de 40 minutos en el horno con el fin de evitar que la carne quede demasiado cocida). Deja reposar 10 minutos antes de servir.

Nota: Muchos cocineros deciden qué tan bien cocida está una pieza de carne al presionarla con el dedo. Puedes aprender esta técnica al sostener una mano frente a ti. La carne cocida "término medio" se siente como la piel que tienes entre el dedo índice y el pulgar cuando ambos están relajados. El término "tres cuartos" tiene la consistencia de la piel que se encuentra entre el dedo índice y el pulgar cerca de 2.5 centímetros por debajo del sitio mencionado anteriormente para el "término medio". Y la carne "bien cocida" tiene la consistencia que encuentras en el centro de tu muñeca. Aunque tomar la temperatura constituye la mejor guía, la más precisa, no es necesario que insertes el termómetro en la carne cada vez que quieras revisarla; palpar rápidamente te permite saber cuando te aproximas al punto ideal y cuando es tiempo de comenzar a trabajar con el termómetro.

Carne asada estilo sureño

ANÁLISIS NUTRIMENTAL

Calorías	308
Proteínas	46 g
Carbohidratos	12 g
Grasa total	7 g
Grasa saturada	2 g
Colesterol	104 mg
Fibra	3 g
Azúcares	0 g
Sodio	347 mg

Cada porción cuenta como
1 proteína

Uno de los recuerdos que tengo de mi infancia es la carne asada que mi madre —"Abuelita", como la llamamos ahora— preparaba para nuestra familia. La versión incluida en este libro se prepara con cuete de res, una elección menos grasosa que la paletilla o la falda utilizada en la mayoría de las carnes asadas.

6 porciones

1 cucharadita de aceite de canola o de aceite vegetal
2 libras de cuete de res, limpio de cualquier grasa visible
2 zanahorias grandes, rebanadas en discos de 1 cm de espesor (aproximadamente 2 tazas)
2 chirivías grandes, peladas y rebanadas en discos de 1 cm de espesor (aproximadamente 2 tazas)
1 tallo grande de apio, en trocitos (aproximadamente 1 taza)
1 cucharadita de tomillo seco
1 cucharadita de paprika dulce
1 cucharadita de mostaza seca
1/2 cucharadita de sal
1/4 de cucharadita de pimienta negra recién molida
1 lata de consomé de res sin sal y sin grasa (14 1/2 onzas)
3 cucharadas de aderezo de rábanos picantes, de preferencia blancos (ver nota 1)

1. Calienta con anticipación el horno a 350° F (Aproximadamente 175° C)

2. Calienta el aceite en una olla grande para el horno, provista con tapa (ver nota 2), colocada a fuego medio. Agrega la res y fríe por todas partes, dándole vueltas conforme sea necesario, por cerca de 3 minutos. Transfiere la carne a un plato y deja reposar.

3. Coloca las zanahorias, la chirivía y el apio en la olla. Cuece los vetetales, agitando constantemente, hasta que se suavicen, cerca de 2 minutos. Añade el tomillo, la paprika, la mostaza, la sal y la pimienta. Agita bien y cuece hasta que suelte su aroma, cerca de 20 segundos. Vierte el consomé en la olla, remueve para retirar cualquier trozo pegado al fondo, y lleva al punto de hervir. Mientras tanto unta el aderezo de rábanos picantes a la carne.

4. Vuelve a colocar la carne de res a la olla, con la parte que has untado apuntando hacia arriba. Cubre la olla, colócala en el horno y hornea por un tiempo mínimo de 2 horas y un máximo de 2 1/2 horas, hasta que puedas hundir fácilmente el tenedor en la carne.

Nota 1: El aderezo preparado de rábanos picantes está disponible en los refrigeradores de la mayoría de los supermercados, generalmente cerca de las carnes frías. Utiliza el aderezo suave o picante, dependiendo de tu preferencia, pero revisa el contenido de sodio. Si estás siguiendo una dieta baja en sodio, omite la sal en esta receta.

Nota 2: La mayoría de los ollas pueden tolerar la temperatura del horno hasta 425° F (Aproximadamente 218° C), pero es posible que las asas no lo soporten. Si tu olla tiene un asa de madera, hule o materiales mixtos, envuelve bien el asa en papel aluminio para protegerla. En todos los casos retira cualquier cubierta de tela para las asas antes de colocar la olla en el horno. Lo mismo se aplica a la manija de la tapa.

Carne frita con brócoli

ANÁLISIS NUTRIMENTAL

Calorías	176
Proteínas	21 g
Carbohidratos	9 g
Grasa total	6 g
Grasa saturada	1.5 g
Colesterol	50 mg
Fibra	3 g
Azúcares	1 g
Sodio	326 mg

Cada porción cuenta como 1 proteína y 1 vegetal no feculento.

Un hecho médico bien conocido es que el brócoli y otros vegetales crucíferos, como la coliflor, la col y la col de Bruselas, combaten el cáncer. Cada trocito de estos vegetales contiene dosis saludables de fitonutrientes protectores. Una manera de hacer que el brócoli sea más atractivo para aquellos que detestan los vegetales en tu familia es añadirlos a platillos de frituras como éste. No sólo mejora el sabor del brócoli, sino que muchos de los antioxidantes y otras sustancias benéficas que contiene serán absorbidos más fácilmente por el cuerpo cuando se le ingiere con una pequeña cantidad de aceite saludable que forma parte de la preparación. Como toda la carne roja, el aguayón constituye una excelente reserva de hierro, que es esencial para formar músculos firmes y sangre saludable. Sin embargo, a pesar de las ventajas nutrimentales de la carne roja, debes tener cuidado con la cantidad que ingieres. Reducir tu consumo de carne roja a unas cuantas veces por mes impide que comas una cantidad excesiva de grasa saturada. Los platillos de fritura se preparan rápidamente, por lo que debes tener todos los ingredientes a la mano antes de comenzar a cocinar.

4 porciones

2 cucharaditas de aceite vegetal o de cacahuate
2 cucharadas de jengibre fresco, pelado y picado
  (ver nota 1)
2 cebollinos medianos, picados
2 dientes de ajo, picados
1/4 de cucharadita de hojuelas de pimiento rojo,
  molidas
La cáscara de una naranja, en rebanadas delgadas
  (ver nota 2)
1/2 libra de aguayón sin hueso, limpia de grasa en
  los bordes y cortada en rebanadas delgadas
2 tazas de brócoli fresco, o 1 paquete (10 onzas)
  de brócoli congelado, descongelado
1 pimiento rojo, sin núcleo, sin semillas, cortado
  en trocitos
2 cucharadas de salsa de soya, baja en sodio
2 cucharadas de vinagre de vino de arroz o de vinagre de vino blanco
1 cucharadita de fécula de maíz batido con 1 cucharada de agua

1. Calienta el aceite en una sartén tipo "wok" con
teflón o en una sartén grande con teflón colocada
a fuego medio-alto. Agrega el jengibre, los
cebollinos y el ajo; cocina, moviendo y agitando,
hasta que suelte su aroma, cerca de 30 segundos.
Agrega las hojuelas de pimiento rojo y la cáscara
de naranja y cocina por 20 segundos adicionales.

2. Coloca los trozos de aguayón en la sartén y fríelos, moviendo y agitando la sartén hasta que ad-
quieran un color café claro, por cerca de 2 minutos. Agrega el brócoli y el pimiento, continúa
moviendo y agitando la sartén hasta que se hayan

suavizado ligeramente, pero que se conserven crujientes, por cerca de 1 minuto.

3. Vierte la salsa de soya y el vinagre y lleva la sartén a punto de hervir, agitando constantemente. Agrega la mezcla de fécula de maíz y agita hasta que se espese, cerca de 15 segundos. Retira inmediatamente de la flama (no permitas que la mezcla de fécula de maíz continúe hasta el punto de hervir). Deja reposar 1 minuto antes de servir.

Nota 1: Busca el jengibre fresco en la sección de verduras y legumbres de tu mercado. Debe tener una consistencia sólida, no flácida, y una cáscara delgada y seca que debe ser retirada antes de picar las fibras interiores. Un pelador de vegetales será útil para esta labor.

Nota 2: Puedes retirar la cáscara (es decir, la capa delgada de color de la cáscara de la naranja, el limón o la lima, en donde se concentra el aceite) con un pelador de cítricos, que puedes adquirir en la mayoría de las tiendas de comestibles, o con el panel de agujeros grandes de un rallador, siempre y cuando no presiones demasiado la fruta contra el rallador. De lo contrario también retirarás la capa inferior, blanca y amarga.

Carne molida

ANÁLISIS NUTRIMENTAL

Calorías	244
Proteínas	22 g
Carbohidratos	10 g
Grasa total	13 g
Grasa saturada	5 g
Colesterol	70 mg
Fibra	2 g
Azúcares	0 g
Sodio	321 mg

Cada porción cuenta como 1 proteína y 1 vegetal no feculento.

Lo que encontrarás en esta receta es fundamentalmente una versión nueva de un viejo platillo favorito: una manera infinitamente más saludable y baja en grasas de preparar la carne molida, que también está llena de sabor. Los champiñones molidos proporcionan la humedad de que carecen los cortes más limpios de carne de res o ternera molida, lo que garantiza una carne molida en molde más jugosa.

6 porciones

1 libra de tallos de champiñón, limpios de tierra
3/4 de libra de carne de res molida
1/2 libra de ternera molida
1/2 taza de avena en rollos estilo antiguo (no de cocimiento rápido)
1/4 de taza de sustituto de huevo pasteurizado
2 cucharadas de cebolla seca, picada
2 cucharaditas de salvia
2 cucharaditas de tomillo seco
1 cucharadita de sal
1/2 cucharadita de ajo en polvo
1/4 de cucharadita de pimienta negra recién molida
1/4 de cucharadita de pimienta de cayena, opcional
1 jitomate mediano, cortado en rebanadas muy delgadas

1. Calienta el horno con anticipación, a 350° F (Aproximadamente 175° C).

2. Coloca los champiñones en un procesador de alimentos dotado de un cuchillo para cortar. Activa el procesador una o dos veces para picarlos ligeramente, y luego activa el procesador hasta molerlos totalmente. Si no tienes un procesador de alimen-

tos, pica los champiñones con un cuchillo grande, moviendo el cuchillo en todas direcciones sobre la tabla y balancéandolo de un lado a otro.

3. Coloca un puñado de champiñones molidos en toallas de papel. Envuelve los champiñones y exprime sobre el fregadero para eliminar el exceso de humedad. Es posible que tengas que voltear el paquete en varias formas para extraer toda la humedad de los champiñones, especialmente si tus manos son pequeñas. Coloca los champiñones exprimidos en un tazón grande y repite la operación con los champiñones molidos, trabajando por partes.

4. Asegúrate de que tus manos estén muy limpias. Coloca la carne de res molida y la carne de ternera molida en el tazón, agita bien y agrega la avena, el sustituto de huevo, la cebolla, la salvia, el tomillo, la sal, el ajo en polvo, la pimienta negra y la pimienta de cayena, si la estás utilizando. Mezcla los ingredientes con los dedos, apretando suavemente hasta que se hayan mezclado bien y tengan una consistencia uniforme.

5. Moldea la mezcla como una hogaza de aproximadamente 20 centímetros de largo, o con la forma similar a una pequeña pelota de fútbol americano. Coloca la carne en un plato de hornear mediano y cubre con las rebanadas de jitomate, unas sobre otras conforme sea necesario, hasta formar una cubierta de rebanadas a lo largo de la carne.

6. Hornea hasta que la carne esté firme y tostada, por cerca de 50 minutos; un termómetro instantáneo para carnes insertado en la parte más gruesa de la carne debe registrar 165° F (aproximadamente 75° C). Deja reposar 5 minutos a temperatura ambiente antes de rebanar y servir.

Filete de pollo frito "sin freír"

Análisis Nutrimental

Calorías	358
Proteínas	46 g
Carbohidratos	27 g
Grasa total	7 g
Grasa saturada	3 g
Colesterol	104 mg
Fibra	3.5 g
Azúcares	0 g
Sodio	576 mg

Cada porción cuenta como 1 proteína y aproximadamente 1 carbohidrato feculento.

Confieso que mi platillo favorito es el "filete de pollo frito", un platillo popular de Texas, que sirven prácticamente en todas partes, desde paraderos de camiones a restaurantes de cocina típica local. Se estima que 800 000 "filetes de pollo frito" son consumidos en el estado de la "Estrella Solitaria" todos los días. Normalmente se requieren 2 tazas de grasa para freír este "filete", por lo que el hábito de comer esta especialidad tejana seguramente provocará que ganes algunos kilos. En esta versión, la mayoría de la grasa ha sido eliminada, y las calorías han sido reducidas de manera considerable, todo lo anterior sin sacrificar el sabor.

4 porciones

4 filetes de lomo de res o de aguayón (cerca de 5 onzas cada uno)
1 cucharadita de suavizador de carnes
1 taza de suero de leche bajo en grasa
Aerosol para freír
1 taza de harina de avena, o 1 taza de rollos de avena estilo antiguo, molidos en un procesador de alimentos o una licuadora (no de cocimiento rápido)
2 cucharaditas de paprika dulce
1 cucharadita de cebolla en polvo
1 cucharadita de sal
1/2 cucharadita de ajo en polvo
1/4 de cucharadita de pimienta negra recién molida
1/8 de cucharadita de pimienta de cayena, opcional

1. Coloca los filetes entre dos hojas grandes de papel de cera. Utiliza un mazo de aplanar o la base de un sartén grande y pesado, y aplasta los filetes hasta que tengan 1/2 cm de espesor. Retira la hoja superior del papel de cera y pincha la carne con un tenedor a intervalos de 1 cm, y sazona de manera regular con suavizador de carne. Retira la carne del papel de cera y coloca los filetes en un sartén para rostizar (puedes colocar uno sobre el otro). Vierte el suero de leche sobre los filetes y deja marinar a temperatura ambiente por 30 minutos, dándoles vuelta ocasionalmente para que queden bien cubiertos de suero de leche.

2. Entre tanto, coloca la parrilla en el tercio inferior del horno y calienta el mismo a 400° F (Aproximadamente 205° C). Aplica el aerosol para freír en un sartén grande y poco profundo o en una plancha para hornear con bordes. En un platón grande mezcla la harina de avena o los rollos de avena molidos con paprika, cebolla en polvo, sal, ajo en polvo, pimienta negra y pimienta de cayena, si la utilizas, y revuelve bien.

3. Embarra los filetes cubiertos de suero de leche en la mezcla de la harina para empanizar, y colócalos en el sartén para hornear. Hornea la carne hasta que tenga una consistencia firme, pero que sea posible pinchar con un tenedor, y que adquiera un color ligeramente tostado, por cerca de 30 minutos.

Lomo de cerdo asado a la italiana

ANÁLISIS NUTRIMENTAL

Calorías	259
Proteínas	33 g
Carbohidratos	1 g
Grasa total	13 g
Grasa saturada	4 g
Colesterol	92 mg
Fibra	1 g
Azúcares	0 g
Sodio	242 mg

Cada porción cuenta como 1 proteína.

Disfrutar de la carne de cerdo ocasionalmente no hará que tu peso se dispare, siempre y cuando escojas cortes sin grasa y saludables como el lomo de cerdo o el filete de cerdo, que se comparan favorablemente con el pollo en lo que se refiere al contenido de calorías y grasa. Esta sencilla receta es una versión nueva de la receta italiana, sin las toneladas de grasa.

8 porciones

1 cucharada de pimienta limón, sin sal
2 cucharaditas de semillas de hinojo
2 cucharaditas de orégano seco
2 cucharaditas de romero seco
1 cucharadita de sal
1 cucharada de aceite de oliva
3 dientes de ajo, machacados o pasados por una prensa de ajos
1 lomo de cerdo (2 1/2 libras), limpio de la grasa exterior

1. Calienta con anticipación el horno a 325° F (Aproximadamente 160° C). Mezcla la pimienta, las semillas de hinojo, el orégano, el romero y la sal en un tazón pequeño, y colócalo a un lado. Mezcla el aceite de oliva y el ajo machacado en un segundo tazón pequeño. Unta la mezcla de aceite de oliva de manera regular en el lomo de cerdo, cubriéndolo totalmente. Disemina la mezcla de yerbas sobre el lomo de res. Coloca este último en un recipiente para

hornear poco profundo, o un platón para hornear con bordes poco profundos.

2. Hornea hasta que la carne adquiera un tono dorado. Un termómetro instantáneo insertado en la parte más gruesa del lomo debe registrar 160° F (71° C) para "término tres cuartos", por cerca de 65 minutos, o bien 170° F (77° C) para lograr el término "bien cocido", por cerca de 1 hora y 15 minutos.

Estofado de cerdo y frijoles negros

El cerdo es una fuente eficiente de proteínas y un excelente proveedor de minerales importantes. Como todas nuestras recetas de carne, este estofado —una versión saludable del clásico tejano— incluye un corte magro, desprovisto de toda la grasa exterior, con el fin de reducir aún más la grasa y las calorías. Acompañado de frijoles negros ricos en grasa y otros vegetales, este estofado proporciona una comida casi balanceada, con la conveniencia de hacerlo en sólo un plato.

4 porciones

2 cucharaditas de aceite de oliva

1 cebolla mediana cortada en trocitos, o 3/4 de taza de cebolla congelada cortada en trocitos

3 dientes de ajo, picados

1 libra de lomo de cerdo sin hueso, limpio de la grasa exterior, cortado en cubos de aproximadamente 1 centímetro

2 cucharadas de chile en polvo

1 cucharadita de comino molido

1 cucharadita de canela molida

1 chile jalapeño, sin semillas, picado (ver nota)

1 1/2 tazas de agua

1 lata de frijoles negros (15 onzas), drenada y pasada por agua

2 cucharadas de dientes de maíz, estilo antiguo o de cocimiento rápido

1/4 de taza de cilantro fresco, picado

1 cucharada de jugo de limón recién exprimido

1. Calienta el aceite en una olla grande con teflón a fuego de nivel medio. Agrega la cebolla y el ajo y fríelos, agitando, hasta que se suavicen, por cerca de 2 minutos. Agrega los cubitos de cerdo y fríelos, agitando frecuentemente hasta que se doren, por cerca de 4 minutos.

2. Agrega el chile en polvo, el comino, la canela y el jalapeño; cuece hasta que suelten su aroma, por cerca de 20 segundos. Vierte el agua y los frijoles y agita bien para evitar que la mezcla se pegue al fondo de la olla. Lleva al punto de hervir, cubre la olla y reduce la flama a un grado bajo. Cuece muy lentamente por 15 minutos.

3. Vierte el maíz y cocina hasta que el estofado se espese, por cerca de 15 minutos adicionales, agitando frecuentemente para evitar que se pegue. Vierte el cilantro y el jugo de limón; sirve inmediatamente.

Nota: Un chile jalapeño conservado en salmuera y vinagre, le dará a este platillo una chispa de sabor agradable. Lava tus manos cuidadosamente antes de tocar el chile; si tocas tus ojos sufrirás una desagradable quemadura de chile. Para obtener un platillo más picante, no retires las semillas del chile antes de picarlo.

Filete de cerdo a la parrilla estilo Suroeste

Análisis Nutrimental

Calorías	201
Proteínas	33 g
Carbohidratos	3 g
Grasa total	7 g
Grasa saturada	2 g
Colesterol	90 mg
Fibra	1 g
Azúcares	0 g
Sodio	127 mg

Cada porción cuenta como 1 proteína.

Me encanta asar a la parrilla, no sólo porque es una manera fácil y efectiva de cocinar, sino también porque es un método de cocción que virtualmente garantiza un resultado sabroso y saludable. Prueba este platillo de cerdo marinado en yerbas y líquidos la próxima vez que enciendas la parrilla.

4 porciones

2 cucharadas de jugo de limón recién exprimido
1 cucharada de chile en polvo
1 cucharada de salsa inglesa (Worcestershire)
1 1/2 cucharaditas de comino molido
1 cucharada de salsa para ahumar
1 1/4 libras de filete de cerdo, limpio de toda grasa exterior

1. Coloca el jugo de limón, el chile en polvo, la salsa inglesa, el comino y la salsa para ahumar en una bolsa de plástico. Mete el filete de cerdo en la salsa y ciérrala herméticamente, una vez extraído el exceso de aire. Frota los lados de la bolsa entre tus manos para untar las especias a la carne. Refrigera al menos por 2 horas o hasta 18 horas, y frota la bolsa para distribuir las especias al menos en dos ocasiones, si no en muchas más.

2. Prepara la parrilla al carbón al colocar un lecho de tizones y al colocar la parrilla aproximadamente entre 10 y 15 centímetros encima, o calienta la

parrilla de gas con una flama alta. Retira el filete de cerdo de la bolsa y ponlo a asar directamente, con el fuego a flama alta, y dándole vueltas para dorar los cuatro costados, de 14 a 17 minutos. Un termómetro instantáneo insertado en la parte más gruesa del filete debe registrar 160° F (Aproximadamente 71° C) para lograr el "término tres cuartos" y 170° F (Aproximadamente 77° C) para "bien cocido". Deja reposar lejos del fuego por cinco minutos antes de servir.

Carne de cerdo estilo "Lo Mein"

ANÁLISIS NUTRIMENTAL

Calorías	290
Proteínas	30 g
Carbohidratos	24 g
Grasa total	8 g
Grasa saturada	2 g
Colesterol	94 mg
Fibra	2 g
Azúcares	1 g
Sodio	335 mg

Cada porción cuenta como 1 proteína, 1 carbohidrato feculento y 1 vegetal no feculento.

El filete de cerdo, limpio y versátil, puede ser utilizado en muchos platillos de diversos países y utilizado con docenas de ingredientes distintos. Esta versión de "Lo Mein" forma una comida de un solo platillo nutritivo, cargado de proteínas, carbohidratos, vitaminas y minerales. Toma sólo unos minutos para preparar, siempre y cuando prepares los ingredientes con anticipación. Si no conoces el polvo de 5 especias, se trata de una mezcla de especias asiáticas molidas: canela, hinojo, jengibre, clavo y anís estrellado. Puedes encontrar esta mezcla en el pasillo de especias de la mayoría de los supermercados.

4 porciones

2 cucharaditas de aceite de cacahuate

2 dientes de ajo, picado en trocitos muy pequeños

3 cucharadas de jengibre fresco pelado y picado

3/4 de libra de filete de cerdo, limpio de toda grasa exterior, y cortado en tiras (ver nota)

1/2 cucharadita de polvo de 5 especias

3 cebollinos medianos, cortados en trozos de aproximadamente 2.5 cm

2 tazas de germen de frijol (cerca de 8 onzas)

2 tazas de fideos japoneses cocidos tipo "somen", fideos de huevo chinos (enriquecidos), o fideos tipo "udon"

2 cucharadas de salsa de soya baja en sodio

1. Calienta el aceite de cacahuate en una olla grande con teflón o en una olla tipo "wok" colocada

sobre fuego a nivel alto. Agrega el ajo y el jengibre y cuécelos, agitando frecuentemente hasta que suelten su aroma, por cerca de 20 segundos. Agrega el cerdo en tiras y cuécelo, moviendo y agitando hasta que se dore, cerca de 2 minutos.

2. Vierte el polvo de cinco especias sobre los ingredientes y revuelve bien. Agrega los cebollinos y cocina, agitando constantemente hasta que se suavicen, durante 2 minutos. Añade el germen de frijol y los fideos cocidos. Continúa cociéndolos, moviendo y agitando hasta que los ingredientes se hayan calentado completamente, por cerca de 1 minuto. Vierte la salsa de soya y cuece hasta que haya sido absorbida, cerca de 20 segundos. Sirve inmediatamente.

Nota: Para cortar la carne de cerdo en tiras, corta la pieza en rebanadas redondas delgadas, de no más de 1/2 cm de grosor, y a continuación corta las rebanadas en tiras delgadas, como cerillas.

Chuletas de cordero a la parrilla estilo griego

Análisis Nutrimental

Calorías	223
Proteínas	32 g
Carbohidratos	2 g
Grasa total	9 g
Grasa saturada	4 g
Colesterol	96 mg
Fibra	1 g
Azúcares	0 g
Sodio	426 mg

Cada porción cuenta como 1 proteína.

Si estás acostumbrada a comer carne de res principalmente, haz algo que no forma parte de tu rutina regular a la hora de la comida: prueba el cordero. Es fácil de preparar y es afín a una gran variedad de yerbas y especias, razón por la que lo encuentras en tantas mesas europeas y mediterráneas. Esta receta utiliza una mezcla de especias que encarnan los sabores de Grecia. Sírvela con una ensalada sencilla de jitomates y pepinos rebanados aderezada con jugo de limón y una pequeña cantidad de sal gruesa.

4 porciones

2 dientes de ajo machacados o pasados por la prensa de ajo
1 cucharada de orégano seco
2 cucharaditas de tomillo seco
2 cucharaditas de cáscara de limón molida
1 cucharadita de sal
1/2 cucharadita de pimienta negra recién molida
8 chuletas de lomo o costilla de cordero (de 2.6 cm de grosor, aproximadamente 2 1/2 onzas cada una), limpia de toda grasa exterior

1. Mezcla el ajo, el orégano, el tomillo, la cáscara de limón, la sal y la pimienta en un tazón pequeño. Unta la mezcla de manera regular en ambos lados de las chuletas de cordero. Coloca las chu-

letas en un recipiente para hornear o en una plancha para hornear, cubre y refrigera por 1 hora.

2. Prepara la parrilla al carbón al colocar un lecho de tizones y poner una parrilla a 10 ó 15 cm por encima, o bien calienta la parrilla de gas en un grado alto. Coloca las chuletas en la parrilla y ásalas a fuego alto, dándoles vuelta una vez hasta que se doren, de 6 a 9 minutos. Un termómetro instantáneo insertado en la parte más gruesa de las chuletas debe registrar 135° F (Aproximadamente 57° C) para lograr el "término tres cuartos" y 150° F (Aproximadamente 65°C) para "bien cocido". Deja reposar lejos de la parrilla por 5 minutos antes de servir.

Pastel de carne y papas, mejor que el clásico

ANÁLISIS NUTRIMENTAL

Calorías	420
Proteínas	37 g
Carbohidratos	21 g
Grasa total	21 g
Grasa saturada	7 g
Colesterol	113 mg
Fibra	3 g
Azúcares	0 g
Sodio	508 mg

Cada porción cuenta como 1 proteína y 1 carbohidrato feculento.

El pastel de carne y papas es un platillo inglés y se consume en invierno. Proporciona una comida saludable, elaborada con proteínas y carbohidratos de costo de respuesta alto y beneficios altos. Si utilizas vegetales congelados, no descongeles los guisantes y zanahorias o la cebolla cortada en trozos.

4 porciones

2 papas para hornear medianas, de preferencia rojas (8 onzas cada una), peladas y cortadas en cubos de aproximadamente 2.5 cm

2 cucharaditas de aceite de canola

1 cebolla mediana, cortada en trocitos, o 3/4 de taza de cebolla congelada, cortada en trocitos

1 libra de carne de res molida sin grasa

2 cucharaditas de tomillo seco

2 cucharaditas de salsa inglesa (Worcestershire)

2 cucharaditas de harina de trigo entero

1/2 taza de consomé de vegetales sin sal y sin grasa

1 taza de guisantes y zanahorias congelados, o 1/2 taza de guisantes mezclada con 1/2 taza de zanahorias cortadas en trocitos

1/2 taza de leche sin grasa

2 cucharaditas de mostaza de Dijon

1/2 cucharadita de cebolla en polvo

1/4 cucharadita de sal

1/4 de cucharadita de pimienta negra recién molida

1/2 cucharadita de paprika dulce

1. Calienta el horno a 350° F (Aproximadamente 176° C)

2. Hierve una olla de agua en la estufa, con la flama alta. Agrega las papas y cuécelas hasta que se suavicen y sea posible pincharlas con un tenedor, por cerca de 12 minutos.

3. Entretanto prepara el relleno: Calienta el aceite en una sartén grande con teflón o en una sartén para saltear, colocada sobre fuego medio. Agrega la cebolla y cuécela, agitando hasta que se suavice, por cerca de 2 minutos. Agrega la carne molida y fríela, agitando frecuentemente, hasta que se dore ligeramente, por 2 minutos. Vierte el tomillo y la salsa inglesa, y distribuye la harina de trigo entero de manera regular sobre los ingredientes de la sartén. Cuece por 10 segundos, luego agita bien y continúa cociendo por 15 segundos, hasta que la harina pierda su sabor crudo. Vierte 1/4 de taza de consomé y agita hasta que se espese, por cerca de 30 segundos. Finalmente vierte los guisantes y las zanahorias, y retira la mezcla para colocarla en un platón cuadrado para hornear, de aproximadamente 20 cm.

4. Cuando las papas estén listas, drena el agua y transfiérelas a un tazón grande. Agrega la leche, la mostaza, la cebolla en polvo, la sal, la pimienta y el resto del consomé. Machaca las papas con un pasapurés o una mezcladora eléctrica a velocidad media hasta que adquiera una consistencia ligera y cremosa. Coloca la mezcla de las papas sobre la carne molida, cubriendo la totalidad hasta los bordes del platón. Sella el puré de papas contra los bordes del platón al presionar en los extremos. Disemina la paprika por encima.

5. Hornea hasta que la cubierta de papa esté dorada en los bordes y desprendan un poco de vapor, por cerca de 25 minutos. Deja reposar por 5 minutos a temperatura ambiente antes de servir.

Pollo rostizado con hierbas

Análisis Nutrimental

Calorías	184
Proteínas	31 g
Carbohidratos	3 g
Grasa total	5 g
Grasa saturada	1 g
Colesterol	85 mg
Fibra	1 g
Azúcares	0 g
Sodio	241 mg

Cada porción cuenta como
1 proteína.

En nuestro hogar comemos pollo varias veces a la semana, y debo admitir que esta regularidad en ocasiones se torna aburrida, por lo que tratamos de probar nuevos métodos de prepararlo. Esta receta transforma el pollo cotidiano en una verdadera obra maestra. No sólo es buena, sino magnífica.

8 porciones

1/4 de taza de hojas frescas de salvia, bien picadas
2 cucharadas de hojas de perejil de hoja plana, fresco, bien picado
1 cucharada de hojas de tomillo fresco, picado
1 cucharadita de sal
1/2 cucharadita de pimienta negra bien molida
1 pollo para rostizar (5 libras), limpio del exceso de grasa y el menudillo
1 limón cortado en cuartos
1 cebolla cortada en cuartos
1 tallo de apio, rebanado en trozos de 5 cm

1. Calienta el horno con anticipación a 425° F (Aproximadamente 220° C). En un tazón pequeño mezcla la salvia, el perejil, el tomillo, la sal y la pimienta, y colócalo a un lado.

2. Comenzando por la parte inferior del pollo y avanzando sobre la pechuga, introduce tus dedos entre el pellejo y la carne para crear una bolsa a cada lado de la pechuga. Introduce 1/4 de la mezcla de yerbas en cada bolsa, untando las yerbas en la carne pero cuidando de no romper el pellejo.

Haz una pequeña incisión en cada muslo. Separa el pellejo de la carne al introducir nuevamente tu dedo por la incisión y hacer que el pellejo cuelgue. Introduce el resto de la mezcla de las especias en las bolsas de los muslos, nuevamente untando las hierbas en la carne pero sin romper el pellejo. Finalmente exprime el jugo de limón en el interior del gran orificio del ave e introduce tu mano para cubrir la cavidad con el jugo. Coloca los restos del limón, los cuartos de cebolla y el apio en la cavidad.

3. Coloca el pollo con las pechugas apuntando hacia arriba en una plancha de rostizar o de hornear, o en un platón para hornear provisto de una parrilla u otro mecanismo diseñado para recibir la grasa que se acumulará en la plancha. Rostiza hasta que el pollo se dore y que un termómetro instantáneo insertado en la parte más gruesa del muslo registre 165° F (Aproximadamente 73° C), por cerca de 1 hora y 30 minutos. Deja reposar por 5 minutos a temperatura ambiente antes de servir.

Pollo frito estilo sureño

Análisis Nutrimental

Calorías	265
Proteínas	38 g
Carbohidratos	17 g
Grasa total	5 g
Grasa saturada	1 g
Colesterol	96 mg
Fibra	2 g
Azúcares	2 g
Sodio	218 mg

Cada porción cuenta como 1 proteína y aproximadamente 1/3 carbohidrato feculento.

Si eres fanático del pollo frito, he aquí una manera de experimentar la agradable sensación de comerlo sin abandonar tus propias metas en lo que se refiere a la pérdida de peso. Una vez que incorpores esta versión baja en grasa del clásico sureño a tu plan alimenticio regular, confía en mí, dejarás de preferir el pollo frito regular.

6 porciones

Aerosol para freír
Salmuera: 2 1/2 tazas de agua mezcladas con 1/4 de taza de sal y 1/4 de taza de vinagre de sidra.
3 pechugas de pollo muy grandes, sin pellejo y sin hueso (cerca de 10 a 12 onzas cada una), partidas a la mitad, o 6 pechugas de pollo pequeñas, sin pellejo y sin hueso (cerca de 5 a 6 onzas cada una)
1 taza de cereal Grape-Nuts, u otro tipo de cereal crujiente de trigo entero y cebada
1 1/4 cucharaditas de chile en polvo
1 cucharadita de comino molido
1 cucharadita de tomillo seco
1 cucharadita de cebolla en polvo
1/4 de cucharadita de ajo en polvo
1 clara de huevo grande batida con 2 cucharadas de agua hasta que esté espumosa

1. Calienta el horno a 350° F (Aproximadamente 175° C). Aplica el aerosol para freir en una plancha grande para hornear, con bordes. Colócala a un lado.

2. Agrega las pechugas de pollo a la mezcla de salmuera, agita y deja reposar a temperatura ambiente por 15 minutos. (Este procedimiento evitará que las pechugas de pollo se inflen durante la cocción.) Mezcla el cereal, el chile en polvo, el comino, el tomillo, la cebolla en polvo y el ajo en polvo en un platón grande hasta que esté bien mezclado.

3. Drena y limpia las pechugas y sécalas con toallas de papel. Remoja una pieza en la mezcla de clara de huevo, deja que el exceso de líquido escurra de regreso al tazón, y coloca la pechuga en la mezcla del cereal, para empanizar ligeramente por todas partes. Coloca la pechuga en la plancha para hornear y repite el procedimiento con las demás pechugas.

4. Hornea hasta que las pechugas estén doradas y crujientes, por cerca de 25 a 30 minutos. Deja reposar a temperatura ambiente durante 2 ó 3 minutos antes de servir.

Pechugas de pollo glaseado en albaricoque

Análisis Nutrimental

Calorías	222
Proteínas	36 g
Carbohidratos	5 g
Grasa total	6 g
Grasa saturada	1.4 g
Colesterol	96 mg
Fibra	1 g
Azúcares	0 g
Sodio	127 mg

Cada porción cuenta como 1 proteína.

El pollo tiene una bien conocida afinidad con la fruta que abre la puerta a muchas opciones para su preparación. En esta receta los albaricoques hacen resaltar el sabor del pollo. Una palabra de precaución: lee la etiqueta de las pechugas de pollo congeladas; algunas de ellas han sido inyectadas con una solución salina y por lo tanto contienen una considerable cantidad de sodio. Asegúrate de utilizar romero fresco, no seco, porque las yerbas secas no tienen tiempo de suavizarse en el "barniz" que aplicarás al pollo y se conservarán demasiado rígidas.

6 porciones

10 mitades de albaricoque secas, de preferencia de la variedad "California"

1 taza de consomé de vegetales sin sal, sin grasa

2 cucharaditas de romero fresco picado

2 cucharaditas de vinagre de sidra

2 cucharaditas de salsa de soya baja en sodio

1/4 de cucharadita de pimienta negra recién molida

2 cucharaditas de aceite de oliva

3 pechugas de pollo muy grandes, sin pellejo y sin hueso (cerca de 10 a 12 onzas cada una), partidas a la mitad, o 6 pechugas de pollo pequeñas, sin pellejo y sin hueso (cerca de 5 a 6 onzas cada una)

1. Calienta el horno a 375° F (Aproximadamente 190° C)

2. Haz hervir los albaricoques, el consomé, el romero, el vinagre, la salsa de soya y la pimienta en una pequeña sartén colocada a fuego medio-alto. Retira del fuego, cubre y coloca a un lado hasta que la mezcla se enfríe y los albaricoques se suavicen, por cerca de 10 minutos.

3. Vierte la mezcla de albaricoque en un procesador de alimentos dotado de una cuchilla para picar, o en una licuadora grande. Agrega el aceite de oliva y el puré, restregando los bordes del tazón en caso de que sea necesario.

4. Coloca las pechugas de pollo en una plancha para hornear o en un platón para hornear lo suficientemente grande para acomodarlas fácilmente en una sola capa. Unta el "barniz" de albaricoque sobre las pechugas. Hornea durante 10 minutos sin abrir el horno, y luego por 15 minutos, rociando las pechugas con los jugos de la plancha cada 5 minutos, hasta que el pollo esté bien cocido y ligeramente tostado. Deja reposar a temperatura ambiente por 5 minutos antes de servir.

Pollo a la marroquí

Análisis Nutrimental

Calorías	297
Proteínas	39 g
Carbohidratos	24 g
Grasa total	5 g
Grasa saturada	1 g
Colesterol	96 mg
Fibra	2.5 g
Azúcares	7 g
Sodio	374 mg

Cada porción cuenta como 1 proteína, 1 vegetal no feculento y 1 carbohidrato feculento.

Esta receta tiene su inspiración en la cocina marroquí es un platillo de pollo con sabores fuertes y atrevidos. Utiliza coles de Bruselas, otro vegetal que se considera especialmente protector contra el cáncer. Si deseas darle a este platillo un toque picante, agrega un chile jalapeño cortado en trocitos, con las especias.

4 raciones

2 pechugas de pollo muy grandes, sin pellejo y sin hueso (cerca de 10 a 12 onzas cada una), partidas a la mitad, o 4 pechugas de pollo pequeñas, sin pellejo y sin hueso (cerca de 5 a 6 onzas cada una), cortadas en pedazos de 2.5 cm

2 cucharaditas de comino molido

1 cucharadita de canela molida

3/4 de cucharadita de sal

1/2 cucharadita de cúrcuma molida

1/2 cucharadita de jengibre molido

1/2 cucharadita de pimienta negra recién molida

1 camote grande, pelado y cortado en cubos de 2.5 cm (2 tazas)

20 coles de Bruselas, frescas (cerca de 12 onzas), sin las hojas exteriores duras, o coles de Bruselas congeladas, descongeladas

1/4 de taza de pasas

1/4 de taza de consomé de vegetales sin sal y sin grasa

1. Calienta el horno a 375° F (Aproximadamente 190° C)

2. Coloca las piezas de pollo en un tazón grande y añade el comino, la canela, la sal, la cúrcuma, la ginebra y la pimienta hasta que estén bien cubiertas. Transfiere las pechugas de pollo a una cacerola de vidrio para hornear de 3 cuartos o un horno holandés. Mezcla con el camote, las coles de Bruselas, las pasas y el consomé.

3. Cubre y hornea, moviendo y agitando dos o tres veces, hasta que el pollo se haya cocido totalmente y el platillo tenga mucho aroma, por cerca de 1 hora. Deja reposar a temperatura ambiente por 5 minutos antes de servir.

Estofado de pollo estilo restaurante

ANÁLISIS NUTRIMENTAL

Calorías	363
Proteínas	40 g
Carbohidratos	37 g
Grasa total	7 g
Grasa saturada	2 g
Colesterol	96 mg
Fibra	6 g
Azúcares	0 g
Sodio	340 mg

Cada porción cuenta como 1 proteína, 1 vegetal no feculento y 1 fruta.

Este clásico platillo francés, rediseñado para lograr un alto nivel nutrimental, lo tiene todo: pollo, verduras y frutas. El resultado es un platillo principal muy nutritivo con alto contenido de proteína y fibra. Desde luego, la fibra es la sustancia de las frutas y verduras que ha sido citada como un posible factor de prevención de la obesidad, las enfermedades del corazón, la diabetes y algunos tipos de cáncer.

4 porciones

2 cucharaditas de aceite de oliva
8 pequeños muslos de pollo sin hueso y sin pellejo (cerca de 1 1/4 libras), en mitades
1 cebolla pequeña, cortada en trozos, o 1/3 de taza de cebolla congelada, cortada en trozos.
12 onzas de tallos de champiñón, lavados, y cortados en rebanadas delgadas
18 zanahorias pequeñas (cerca de 8 onzas)
20 ciruelas pasas, sin hueso (cerca de 40 onzas)
2 cucharaditas de tomillo seco
1 cucharadita de romero seco
1/2 cucharadita de sal
1/4 de cucharadita de pimienta negra recién molida
1/2 de taza de consomé de pollo sin sal, sin grasa
2 cucharadas de harina de trigo entero

1. Calienta el aceite en una sartén grande o en una sartén para saltear de bordes altos colocado sobre

fuego medio. Agrega el pollo y cuécelo hasta que se dore, dándole vuelta una vez, por cerca de 2 minutos. Pasa el pollo a un platón.

2. Agrega la cebolla a la sartén y cuécela, agitándola hasta que se suavice, por cerca de 2 minutos. Agrega los champiñones rebanados y continúa cociendo y agitando ocasionalmente hasta que hayan soltado su líquido, durante 3 minutos. Agrega las zanahorias, las ciruelas pasas, el tomillo, el romero, la sal y la pimienta, y cuece hasta que suelten su aroma, por 1 minuto. Finalmente vierte el consomé, y remueve cualquier trozo que se haya quedado pegado al fondo de la sartén.

3. Regresa el pollo y cualquier jugo que se haya acumulado a la sartén. Lleva la mezcla a punto de ebullición, agita bien, cubre y reduce la flama a un grado bajo. Cuece, agitando ocasionalmente, hasta que el pollo esté bien cocido y la salsa se haya espesado ligeramente, por cerca de 25 minutos.

4. Descubre la sartén y espolvorea la harina de trigo entero sobre los ingredientes. Agita bien y cuece hasta que se espese, por cerca de 30 segundos. Sirve inmediatamente.

Arroz con pollo

ANÁLISIS NUTRIMENTAL

Calorías	354
Proteínas	40 g
Carbohidratos	33 g
Grasa total	7 g
Grasa saturada	2 g
Colesterol	96 mg
Fibra	3 g
Azúcares	0 g
Sodio	238 mg

Cada porción cuenta como 1 proteína, 1 vegetal no feculento y 1 carbohidrato feculento.

Se trata de un platillo inspirado en la cocina española, hecho con una mezcla saludable de vegetales y arroz moreno. Aunque es opcional, el azafrán le proporciona al platillo su característico sabor español.

6 porciones

2 cucharaditas de aceite de oliva
12 pequeños muslos de pollo sin pellejo y sin hueso (cerca de 1 3/4 libras), partidos a la mitad
1 cebolla pequeña, cortada en trocitos, o 1/3 de taza de cebolla congelada cortada en trocitos
2 dientes de ajo, picados
1 lata de tomates cortados en trocitos (14 1/2 onzas)
1 1/2 tazas de agua
1 cucharadita de orégano seco
1 cucharadita de tomillo seco
1 cucharadita de paprika dulce
1/2 cucharadita de sal
1/4 de cucharadita de pimienta negra recién molida
1/8 de cucharadita de hijos de azafrán, opcional
1 hoja de laurel
1 taza de arroz moreno sin cocer
1 taza de guisantes frescos, o 1 taza de guisantes congelados, descongelados

1. Calienta el horno a 350° F (Aproximadamente 175° C)

2. Calienta el aceite en un horno holandés de 3 cuartos o en una olla colocada sobre fuego medio. Agrega los muslos de pollo y cuécelos, dan-

do vuelta una vez, hasta que se doren, por cerca de 2 minutos. Transfiere a un platón.

3. Agrega la cebolla y el ajo y cocina, agitando hasta que se suavicen, por cerca de 2 minutos. Vierte los tomates y el agua y agita bien para remover cualquier trocito que se haya quedado pegado al fondo de la olla. Agrega el orégano, el tomillo, la paprika, la sal, la pimienta, el azafrán (si lo utilizas) y la hoja de laurel. Lleva la mezcla a punto de ebullición y vierte el arroz, los muslos de pollo dorados y los jugos que se hayan acumulado en el platón.

4. Cubre y cuece hasta que el arroz esté en su punto, por cerca de 1 hora. Espolvorea los guisantes, cubre y cuece por 5 minutos adicionales. Remueve bien, elimina la hoja de laurel y sirve.

Sopa de pavo y verduras

Análisis Nutrimental

Calorías	117
Proteínas	15 g
Carbohidratos	11 g
Grasa total	2 g
Grasa saturada	0 g
Colesterol	28 mg
Fibra	3 g
Azúcares	0 g
Sodio	395 mg

Cada porción cuenta como 1/2 proteína y 1 vegetal no feculento

La sopa es uno de los alimentos más importantes del grupo de gran respuesta. Los científicos conductistas la han estudiado durante mucho tiempo como una herramienta útil para el control del peso, y han descubierto en numerosos experimentos que la sopa reduce el hambre y controla la ingestión de calorías. ¿Por qué? Porque la sopa generalmente tarda mucho tiempo en consumirse, lo que prolonga la duración de la comida y por lo tanto permite que las señales naturales del hambre de tu cuerpo se activen. Lo que es más importante es que la sopa te hace sentir satisfecha porque ocupa mucho espacio en tu estómago. Es menos probable que quieras comer algo más (como un postre) y terminarás comiendo mucho menos cuando incluyes una sopa en el menú. He aquí una de nuestras sopas favoritas, preparada con cinco tipos diferentes de vegetales.

6 porciones

Aerosol para freír

1 cebolla mediana, cortada en trocitos, o 3/4 de taza de cebolla congelada cortada en trocitos

4 tallos de apio, cortados en rebanadas delgadas (cerca de 2 tazas)

3 zanahorias medianas, cortadas en rebanadas delgadas (cerca de 2 tazas)

6 onzas de champiñones, lavados y cortados en rebanadas delgadas (cerca de 3 tazas)

2 jitomates medianos, sin semillas, cortados en trocitos (cerca de 3/4 de taza)

1/2 libra de carne de pechuga de pavo cocida, cortada en trocitos
1 cucharadita de tomillo seco
1 cucharada de eneldo seco
4 tazas de consomé de pollo sin sal y sin grasa
1/2 cucharadita de sal

1. Aplica el aerosol para freír a una olla grande con teflón y colócala a fuego medio. Agrega la cebolla, el apio y las zanahorias y cuécelas, agitando, hasta que se suavicen y suelten su aroma, por cerca de 3 minutos. Agrega los champiñones y los jitomates y cuece, agitando ocasionalmente, hasta que los champiñones comiencen a soltar su líquido y hierva, aproximadamente 2 minutos.

2. Agrega el pavo y cuécelo, agitando, justo hasta que se dore ligeramente, por cerca de 1 minuto. Añade el tomillo y el eneldo y cuece por 20 segundos. Vierte el consomé, y remueve cualquier trocito que se haya quedado pegado al fondo de la olla. Cubre y reduce la flama a un grado bajo, y deja cocer por 30 minutos, hasta que los vegetales estén suaves y la sopa tenga un magnífico olor. Sazona con sal y sirve inmediatamente.

Filete de pescado horneado

Calorías	194
Proteínas	32 g
Carbohidratos	8 g
Grasa total	4 g
Grasa saturada	0.5 g
Colesterol	46 mg
Fibra	2 g
Azúcares	0 g
Sodio	497 mg

Cada porción cuenta como 1 proteína y 1 vegetal no feculento

La idea misma de que el pescado no sabe bien a menos que sea frito es ridícula. Sin embargo, muchas personas con quienes he trabajado en temas relacionados con el peso creen lo anterior, y pagan un precio muy alto en lo que se refiere a un mal control del peso. Hazte un favor a ti misma: Abre los ojos a una amplia gama de posibilidades que existen para preparar pescados y mariscos. Permite que esta receta, y las que siguen, sean tu punto de arranque.

Hornear el pescado en filetes, como se hace en esta receta, es una manera perfecta de hacer brotar los delicados sabores que lleva escondidos. ¿Tienes miedo de las espinas? Pasa tus dedos cuidadosamente sobre la superficie de los filetes para buscarlas. Adicionalmente, los filetes deben ser pelados para obtener mejores resultados; si los tuyos no lo están, haz tres cortes diagonales a lo largo de la piel del pescado, y retira la carne sin cortarla.

4 porciones

4 filetes de pescado sin piel (5 onzas), o cualquier tipo de filete de pescado blanco como huachinango, robalo o tilapia

12 jitomates tipo "cereza", cortados a la mitad

4 corazones de alcachofa, empacados en agua, drenados, enjuagados y partidos a la mitad

1 calabaza amarilla, cortada en trocitos (aproximadamente 1 taza)

1 pimiento verde sin núcleo, sin semillas y cortado en rebanadas delgadas

6 cucharaditas de jugo de limón recién exprimido

1 cucharada o 2 cucharaditas de eneldo fresco picado, o 2 cucharaditas de eneldo seco

1 cucharadita de sal

1/2 cucharadita de pimienta negra recién molida

1. Calienta el horno a 500° F (260° C)

2. Coloca cada filete en una hoja de papel aluminio de aproximadamente 40 cm de largo. Cubre cada filete con 6 mitades de jitomate, 2 mitades de alcachofa y 1/4 de la calabaza y el pimiento. Espolvorea 2 cucharaditas de jugo de limón, 2 cucharaditas de eneldo fresco o 1/2 cucharadita de eneldo seco, 1/4 de cucharadita de sal y 1/8 de cucharadita de pimienta en cada uno de ellos. Cierra el paquete de papel aluminio y colócalo en una parrilla o plancha para hornear con bordes.

3. Hornea durante 12 minutos. Coloca en los platos para servir, deja reposar 2 ó 3 minutos y sirve. (Dado que el vapor está caliente, es mejor que lo sirvas abierto si vas a darlo a tus hijos).

Salmón asado estilo Dijon

ANÁLISIS NUTRIMENTAL

Calorías	249
Proteínas	26 g
Carbohidratos	2 g
Grasa total	15 g
Grasa saturada	3 g
Colesterol	72 mg
Fibra	0 g
Azúcares	0 g
Sodio	128 mg

Cada porción cuenta como 1 proteína.

Pocos tipos de pescado tienen más ácidos protectores omega-3 que el salmón. Dos porciones a la semana contienen una dosis más que suficiente de lo que se recomienda para darle salud a tu vida. De acuerdo con las recientes investigaciones sobre las dietas, comer más salmón, así como atún, caballa o bacalao, puede ayudar a programar tu cuerpo para perder libras al mejorar tu metabolismo.

4 porciones

1 cucharada de pimienta negra en grano
1 cucharada de eneldo seco
1/4 de cucharadita de nuez moscada recién rallada o molida (ver nota)
4 filetes de salmón (5 onzas), limpios de espinas
2 cucharadas y 2 cucharaditas de mostaza de Dijon
Aerosol para freír

1. Calienta el horno a 500° F (260° C). Coloca una plancha para asar o una charola para hornear en el horno y deja que se caliente lo suficiente mientras preparas el salmón.

2. Coloca los granos de pimienta entera en un molcajete y muélelos, o bien coloca los granos de pimienta entre dos hojas de papel de cera y machácalos con un mazo para aplanar carnes o la base de un sartén pesado. Vierte los granos de pimienta en un tazón pequeño y mézclalos con la nuez moscada y el eneldo.

3. Coloca los filetes de salmón en una superficie limpia o una tabla para cortar, con la piel hacia abajo. Cubre la carne de cada filete de manera regular con 2 cucharaditas de mostaza, distribuyéndola hasta los bordes. Espolvorea cada filete con 1/4 de la mezcla de granos de mostaza.

4. Con ayuda de un guante para hornear, saca la plancha del horno, y aplica el aerosol para freír ligeramente. Utiliza una espátula de metal para pasar los filetes a la plancha, con la piel hacia abajo. Vuelve a colocar la plancha en el horno y asa los filetes hasta que estén bien cocidos, por cerca de 10 minutos. (Puedes utilizar la punta de un cuchillo para separar los filamentos de la carne ligeramente con el fin de asegurarte de que esté opaca y no gelatinosa. No dejes cocer de más). Sirve inmediatamente.

Nota: La nuez moscada molida es más olorosa que la recién rallada y tiende a ponerse rancia más rápidamente. A pesar de que toma un poco más de tiempo, trata de rallarla fresca, de ser posible.

Bacalao escalfado con salsa de piña caliente

ANÁLISIS NUTRIMENTAL

Calorías	175
Proteínas	26 g
Carbohidratos	14 g
Grasa total	1 g
Grasa saturada	0 g
Colesterol	62 mg
Fibra	1 g
Azúcares	0 g
Sodio	94 mg

Cada porción cuenta como 1 proteína y aproximadamente 1/2 fruta.

La mayoría de las recetas que incluyen pescado, como ésta, tardan muy poco tiempo en prepararse y demandan pocas aptitudes en la cocina. Desde luego, comer más pescado es una excelente manera de hacer que tu peso avance en la dirección correcta, y puede mejorar la calidad de tu salud. Esta receta incluye una salsa basada en fruta que es naturalmente dulce, y rematada con una salsa de preparación rápida.

4 porciones

1 taza de jugo de piña sin endulzante

1/2 cucharadita de semillas de comino

1/4 de cucharadita de canela molida

1/4 de cucharadita de hojuelas de pepino rojo, machacadas

1 filete de bacalao (1 libra), cortado a la mitad

2 cucharadas de cebolla roja cortada en trocitos

1 taza de piña fresca cortada en trocitos, o 1 lata de 8 onzas de trozos de piña en jugo sin endulzante, drenada

2 cucharadas de cilantro fresco, picado

1. Coloca el jugo de piña, las semillas de comino, la canela y las hojuelas de pimiento rojo en una sartén de 10 pulgadas con tapa y lleva al punto de ebullición sobre un fuego medio. Reduce la flama a un grado bajo y deja cocer lentamente, sin cubrir, por 5 minutos.

2. Agrega el bacalao, cubre la sartén, y cocina a un grado bajo por 8 minutos. Si insertas un cuchillo de mesa en el filete, y lo sostienes en ese sitio por 2 segundos, y luego tocas cuidadosamente el borde del cuchillo con tus labios, debes sentir el calor. Retira con cuidado los filetes y colócalos en un plato para servir, utilizando una espátula de metal grande. Cubre con papel aluminio.

3. Agrega la cebolla a la salsa, eleva la flama a un grado alto, y hierve hasta el punto de glasear por 5 minutos. Vierte los trocitos de piña y el cilantro, y cocina por 30 segundos. Vierte la salsa sobre los filetes y sirve. Cada mitad de filete debe alcanzar para 2 porciones.

Camarón estilo teriyaki

ANÁLISIS NUTRIMENTAL

Calorías	162
Proteínas	25 g
Carbohidratos	12 g
Grasa total	1 g
Grasa saturada	0 g
Colesterol	221 mg
Fibra	2 g
Azúcares	2 g
Sodio	400 mg

Cada porción cuenta como 1 proteína, 1 vegetal no feculento y 1/2 fruta.

He aquí una manera de preparar los camarones que merece un estatus de alta prioridad en tu planificación de comidas. Baja en casi todo excepto en nutrición, esta receta mantiene el nivel correcto de dulzura necesaria que proviene de la salsa teriyaki y la piña.

4 porciones

1 1/4 libras de camarón grande (cerca de 15 camarones por libra), pelado y limpio
1/4 de taza de salsa teriyaki embotellada
8 brochetas de bambú
1 pimiento rojo sin núcleo, sin semillas, cortado en cuadritos de aproximadamente 2.5 cm
1 cebolla roja, cortada en cuartos, dividida en secciones de cerca de 2 capas de grosor.
1 lata de piña en trocitos sin endulzante, drenada

1. Coloca los camarones y la salsa teriyaki en un tazón grande. Cubre y refrigera por 1 hora, agitando ocasionalmente. Al mismo tiempo remoja el bambú en un gran vaso de agua.

2. Calienta el asador

3. Ensarta los camarones, los trozos de pimiento, la cebolla y los trocitos de piña en las brochetas de bambú, dividiendo los ingredientes de manera equitativa. Envuelve los extremos del bambú con pequeños trozos de papel aluminio para evitar que se quemen. Colócalos en la parrilla de asar o en una plancha de metal para asar. (Si recubres la

plancha con papel aluminio te será más fácil limpiarla después).

4. Asa a 15 cm del fuego hasta que el camarón comience a ponerse rosado, por cerca de 2 minutos. Voltéalo y continúa asando hasta que el camarón esté rosado y firme, por cerca de 2 minutos. Sirve inmediatamente.

Crema de cangrejo

ANÁLISIS NUTRIMENTAL

Calorías	180
Proteínas	16 g
Carbohidratos	22 g
Grasa total	3 g
Grasa saturada	0 g
Colesterol	46 mg
Fibra	2 g
Azúcares	0 g
Sodio	389 mg

Cada porción cuenta como 1/2 proteína, 1 vegetal no feculento, 1/2 carbohidrato feculento y aproximadamente 1/3 de producto lácteo bajo en grasa.

Ésta es la mejor crema de cangrejo —y la más cremosa— que he probado jamás, y tú ni siquiera te darás cuenta de que fue preparada sin crema. La leche evaporada sin grasa y una papa rallada pequeña substituyen a la crema y se encargan de espesar la sopa con la misma efectividad pero sin la grasa saturada. Se trata de una manera maravillosa de crear algo más sano para ti, para tu familia y tus huéspedes.

6 porciones

2 cucharaditas de aceite de canola
1 cebolla mediana, cortada en trocitos, o 3/4 de
    taza de cebolla congelada cortada en trocitos
3 tallos de apio, en rebanadas finas
1 1/2 tazas de granos de maíz congelados, descongelados
1 cucharadita de tomillo seco
1/2 cucharadita de sal
1/4 de cucharadita de pimienta negra recién molida
2 tazas de consomé de vegetales sin sal, sin grasa
1 taza de leche evaporada sin grasa
1 hoja de laurel
1 papa pequeña para hornear (4 onzas), pelada
3/4 de libra de cangrejo, limpio de la concha y el
    cartílago
1/4 de taza de cilantro fresco, picado
3 o 4 gotas de salsa Tabasco, opcional

1. Calienta el aceite en una olla grande a fuego medio. Agrega la cebolla y el apio y cuécelos,

agitando hasta que se suavicen, por cerca de 3 minutos. Vierte el maíz, el tomillo, la sal y la pimienta y cuécelos por 20 segundos hasta que suelten su aroma. Vierte el consomé de vegetales y la leche evaporada, y añade la hoja de laurel. Remueve bien, cubre y deja hervir por 5 minutos.

2. Utilizando un rallador de agujeros más pequeños o un rallador de papas, ralla la papa en la olla. Remueve bien, cubre nuevamente y hierve por 5 minutos más, hasta que comience a espesarse.

3. Agrega el cangrejo y el cilantro, y cuece hasta que el cangrejo se haya calentado, por cerca de 1 minuto. Añade la salsa Tabasco, si lo deseas. Sirve inmediatamente.

Chili de tres frijoles

ANÁLISIS NUTRIMENTAL

Calorías	172
Proteínas	8 g
Carbohidratos	34 g
Grasa total	3 g
Grasa saturada	0 g
Colesterol	0 mg
Fibra	8 g
Azúcares	2 g
Sodio	660 mg

Cada porción cuenta como 1 proteína vegetariana (o 1 carbohidrato feculento) y 1 vegetal no feculento

El platillo oficial del estado de Texas es el "chili". Sin embargo, esta versión no es la del chili tradicional estilo texano, porque en Texas el chili no incluye frijoles. Esta receta es el opuesto exacto: frijoles sin carne. Tampoco es tan picante como la mayoría del chili de Texas, que debes guardar en el refrigerador para evitar que queme la casa. Las tres variedades de frijoles de este chili hace que el platillo vegetariano tenga un alto rendimiento, cargado de fibra (que es benéfica naturalmente para controlar el peso a lo largo de tu vida), vitaminas "B", potasio, magnesio, fósforo y cinc. Si prefieres utilizar sólo un tipo de frijoles, tres tazas de frijoles rojos son la mejor opción. Al drenar y enjuagar los frijoles enlatados eliminas la mayoría del contenido de sodio, por lo que eliminas una cantidad adicional de sal que no necesitas.

6 porciones

2 cucharaditas de aceite de oliva
1 cebolla grande, cortada en trocitos, o 1 1/4 tazas de cebolla congelada cortada en trocitos
2 tallos de apio, en rebanadas finas
1 pimiento verde, sin núcleo, sin semillas y cortado en trocitos
2 dientes de ajo picados
2 cucharadas de chile en polvo
2 cucharaditas de comino molido
1 lata de tomates cortados en trocitos, sin sal (14 1/2 onzas)
1 taza de alubias enlatadas, drenadas y lavadas

1 taza de frijoles bayos, drenados y lavados
1 taza de frijoles rojos, drenados y lavados
2 tazas de consomé de vegetales sin sal y sin grasa
1 camote mediano, pelado
1/2 cucharadita de sal

1. Calienta el aceite en una olla grande colocada sobre fuego medio. Agrega la cebolla, el apio y el pimiento verde. Cuécelo, removiendo hasta que suelten su aroma, por 3 minutos. Agrega el ajo y cuece por 30 segundos, y a continuación vierte el chile en polvo y el comino. Cuece por 20 segundos más, hasta que suelte su aroma.

2. Vierte los jitomates, los frijoles, el consomé y lleva al punto de hervir.

3. Utiliza un rallador de agujeros grandes y ralla el camote para agregarlo al chili. Cubre, reduce la flama a un grado bajo y deja hervir lentamente, removiendo de manera ocasional hasta que se espese, por cerca de 40 minutos. Vierte la sal y deja que se asiente a temperatura ambiente por 5 minutos antes de servir.

Macarrones con queso

ANÁLISIS NUTRIMENTAL

Calorías	183
Proteínas	18 g
Carbohidratos	27 g
Grasa total	0 g
Grasa saturada	0 g
Colesterol	10 mg
Fibra	2 g
Azúcares	0 g
Sodio	443 mg

Cada porción cuenta como 1 producto lácteo bajo en grasa, 1 carbohidrato feculento y 1 vegetal no feculento.

Se trata de una actualización más sana y ligera de un platillo favorito de mi familia, que seguramente agradará a cada uno de los miembros de tu familia, y que es tan rica y cremosa como su contraparte tradicional, pero sin el exceso de calorías y grasa saturada. Está hecho de pasta de trigo entero, un carbohidrato de gran respuesta y alto rendimiento que, a diferencia de la pasta blanca, no ha sido despojado de su valor nutrimental. Los corazones de alcachofa no sólo agregan fibra sino que aportan su riqueza adicional. (Asegúrate de seleccionar los corazones de alcachofa empacados en agua, no en aceite.)

6 porciones

Aerosol para freír
2 tazas de leche sin grasa
1 cucharada de harina de trigo entero
6 onzas de queso mozzarella sin grasa, rallado
1 1/2 tazas de cebolla en polvo
1/2 cucharadita de ajo en polvo
1/2 cucharadita de paprika dulce
1/2 cucharadita de sal
1/4 de cucharadita de nuez moscada, molida
1/4 de cucharadita de pimienta negra recién molida
8 corazones de alcachofa enlatados, empacados en agua, drenados, lavados y cortados en trozos grandes
3 tazas de macarrones de trigo entero cocidos

1. Calienta el horno a 350° F (Aproximadamente 175° C). Aplica el aerosol para freír a un recipiente

para hornear de bordes altos o un plato para *soufflé* y colócalo a un lado.

2. Calienta la leche en una olla grande colocada sobre fuego medio-bajo. Cuando las pequeñas burbujas comiencen a aparecer alrededor del borde de la olla, bate la leche con la harina de trigo entero. Continúa cociendo y bate hasta que se espese, por 20 segundos. Vierte el queso y cuece la mezcla, agitando hasta que se derrita y la mezcla se vuelva suave.

3. Vierte la cebolla en polvo, el ajo en polvo, la paprika, la sal, la nuez moscada y la pimienta; agrega los corazones de alcachofa y los macarrones. Cuece hasta que la mezcla se caliente bien, por 30 segundos.

4. Vierte la mezcla en el recipiente para hornear que has preparado y presiona ligeramente para compactar. Hornea hasta que aparezcan burbujas y se tueste ligeramente, por cerca de 20 minutos. Deja reposar por 5 minutos antes de servir.

Estofado de lentejas estilo curry

Este aperitivo vegetariano se enfoca en las lentejas, que son un alimento con tanta densidad nutritiva como cualquier otro. Las lentejas son una rica fuente de hierro y fibra naturales que prácticamente no contienen grasa, por lo que incluyen una máxima nutrición en cada porción. Por otra parte, para incrementar el valor nutrimental de esta comida incluimos una serie de alimentos de costo de respuesta alto y beneficios altos: manzanas y diversas verduras, incluyendo col "napa" (col china), que es conocida por ser rica en vitamina C.

8 raciones

2 cucharaditas de curry en polvo (ver nota)
2 tazas de consomé de vegetales sin sal y sin grasa
2 tazas de lentejas verdes secas, lavadas
1 cebolla grande, cortada en trocitos, o 1 1/4 de taza de cebolla congelada, cortada en trocitos.
2 chirivías, peladas y cortadas en trocitos (1 taza)
2 manzanas para tarta del tipo Granny Smith, sin corazón, peladas y cortadas en trozos
6 tazas de col de "napa" o col china, rallada
1 cucharadita de sal
1/2 cucharadita de pimienta negra recién molida

1. Calienta el curry en polvo en una olla grande colocada sobre fuego en un grado medio hasta que suelte su aroma, cerca de 10 segundos. Vierte el consomé de vegetales y a continuación las lentejas, la cebolla, las chirivías y las manzanas. Lleva al punto de hervir.

2. Coloca la col rallada encima del estofado hirviente. Cubre la olla, reduce la flama a un grado bajo y deja cocer por 10 minutos sin remover.

3. Espolvorea la sal y la pimienta sobre el estofado y remuévelo para incorporar la col al vapor. Cubre nuevamente y cuece, removiendo ocasionalmente, hasta que las lentejas estén cocidas y el estofado se haya espesado ligeramente, por 30 minutos.

4. Extrae una taza del estofado y colócala en un procesador de alimentos dotado de una cuchilla para cortar en trozos o una licuadora grande. Licua el contenido. Regresa el puré al estofado y cocina por 1 minuto más, hasta que se caliente bien. Sirve inmediatamente.

Nota: El curry en polvo es en realidad una mezcla de especias, y no una especia individual. Por lo tanto, existen cientos de variedades en el mercado. Puedes utilizar el curry en polvo amarillo estándar que se encuentra en los anaqueles de la mayoría de las tiendas de alimentos (es amarillo debido a la cúrcuma), pero también puedes buscar otros productos, algunos de ellos muy picantes, en los mercados de alimentos especiales o de comida hindú.

Enchiladas con vegetales asados

ANÁLISIS NUTRIMENTAL

Calorías	154
Proteínas	9 g
Carbohidratos	18 g
Grasa total	4.5 g
Grasa saturada	1 g
Colesterol	6 mg
Fibra	2 g
Azúcares	3 g
Sodio	439 mg

Cada porción cuenta como 1 carbohidrato feculento, 1 vegetal no feculento y 1 producto lácteo bajo en grasa.

Las enchiladas son un icono de la cocina Tex-Mex, profundamente enraizada en la combinación de las culturas de Texas y México. Esta receta transforma las tradicionales enchiladas en un delicioso aperitivo vegetariano mediante la desusual adición del cardo suizo, una planta de hojas grandes con un contenido de vitaminas y minerales tan alto que ha sido considerado lo suficientemente bueno como para cultivarlo en las estaciones espaciales. Por otra parte, al crear tu propia salsa para asar, evitas utilizar el jarabe de maíz y los endulzantes que es posible encontrar en la mayoría de las marcas comerciales, y que son alimentos de costo de baja respuesta y bajo rendimiento.

4 porciones

2 cucharaditas de aceite de canola

1 cebolla mediana, cortada en trocitos, o 3/4 de taza de cebolla congelada, cortada en trocitos.

2 dientes de ajo, picados

3 cucharadas de concentrado de jugo de manzana sin endulzar congelado, descongelado

1 cucharada de puré de tomate

1 cucharada de pasas

1 cucharadita de salsa para asar (ver nota)

1/2 cucharadita de comino molido

1/2 cucharadita de orégano seco

1/2 cucharadita de sal

1/4 de cucharadita de pimienta negra recién molida

2 o 3 gotas de salsa Tabasco

1 libra de cardo suizo, sin tallo, cuyas hojas hayan sido lavadas pero que no estén secas, cortado en trozos grandes (4 tazas de verduras empacadas)

4 tortillas de maíz grandes

4 onzas de mezcla mexicana de quesos rallados, baja en grasa.

1. Calienta el horno a 350° F (175° C)

2. Calienta el aceite en una olla grande colocada sobre fuego medio. Agrega la cebolla y cuécela, agitando hasta que se suavice, por cerca de 2 minutos. Agrega el ajo y cocina por 30 segundos.

3. Vierte el concentrado de jugo de manzana y el puré de tomate y cuécelos, agitando hasta que el puré de tomate se disuelva. Reduce la flama a un grado bajo, y vierte las pasas, la salsa para asar, el comino, el orégano, la sal, la pimienta y la salsa Tabasco.

4. Vierte las verduras, cubre la olla y deja hervir hasta que se marchiten, por cerca de 3 minutos. Remueve bien, cubre y deja reposar lejos de la flama por 5 minutos para mezclar los sabores.

5. Coloca una tortilla en una superficie seca o en la tabla para cortar. Vierte cerca de 1/2 taza del relleno en el centro de la tortilla, y enróllala. Pasa la tortilla enrollada a un platón para hornear lo suficientemente grande para contener las cuatro enchiladas rellenas de manera segura. Repite el procedimiento con las demás tortillas y el resto del relleno. Espolvorea el queso sobre las enchiladas hasta cubrirlas completamente.

6. Hornea hasta que el queso y el relleno estén burbujeantes, por cerca de 20 minutos. Deja reposar a temperatura ambiente por 5 minutos antes de servir.

Nota: Existen muchas marcas de salsa para asar en el mercado. Busca una botella que contenga únicamente salsa destilada (el mezquite o el nogal americano funcionan mejor con esta receta) y agua, sin aditivos químicos.

Calabaza tipo "spaguetti" y salsa marinara con champiñones

ANÁLISIS NUTRIMENTAL

Calorías	156
Proteínas	4 g
Carbohidratos	26 g
Grasa total	5 g
Grasa saturada	1 g
Colesterol	0 mg
Fibra	3 g
Azúcares	0 g
Sodio	527 mg

Cada porción cuenta como 1 vegetal no feculento.

Si estás acostumbrado a los grandes platones de pasta, pero no te gusta que tu peso suba como consecuencia de comer esas grandes raciones, una estrategia que puede funcionar consiste en sustituir la pasta por calabaza "tipo spaguetti", formada por filamentos parecidos a la pasta que puedes enrollar con tu tenedor. La calabaza "tipo spaguetti" es un sustituto perfecto para la pasta blanca con gran contenido de carbohidratos, y se mezcla bien con otros ingredientes, incluyendo esta salsa marinara con champiñones de preparación rápida.

6 porciones

1 calabaza "tipo spaguetti" (4 onzas)
2 onzas de champiñones secos, de preferencia tipo "porcini"
1 taza de agua hirviente
1 tarro de salsa marinara (26 onzas o 3 tazas)

1. Calienta el horno a 350° F. (Aproximadamente 175° C)

2. Pincha la calabaza "tipo spaguetti" cuatro o cinco veces con un tenedor, colócala en una plancha o charola para hornear con bordes, y hornea por 1 1/2 horas hasta que esté suave.

3. Entretanto, coloca los champiñones secos en un tazón mediano y cúbrelos con el agua hirviente.

Deja reposar hasta que se suavicen por cerca de 15 minutos.

4. Drena los champiñones, y conserva el líquido en que se encontraban. Si el líquido está arenoso, hazlo pasar por una coladera recubierta con tela delgada o dos hojas de toallas de papel.

5. Corta los champiñones en trocitos, y remueve los tallos duros. Coloca los champiñones y el líquido en una olla mediana a flama media. Deja hervir, reduce la flama a un grado bajo y sigue cociéndolos hasta que el líquido se haya reducido a la mitad, aproximadamente 5 minutos. Vierte la salsa marinara y cuece hasta que esté bien caliente, por 2 minutos. Cubre y coloca a un lado para conservarla caliente.

6. Una vez que la calabaza está suave, deja enfriar 10 minutos a temperatura ambiente. Corta la calabaza a la mitad; retira las semillas. Utiliza un tenedor para desmenuzar la pulpa en sus hebras naturales, y déjalas caer en un tazón grande. (Al final tendrás cerca de 6 tazas de hebras de calabaza). Agrega la salsa marinara, agita bien y sirve el platillo.

Lasaña zucchini

Análisis Nutrimental

Calorías	317
Proteínas	32 g
Carbohidratos	14 g
Grasa total	15 g
Grasa saturada	5 g
Colesterol	65 mg
Fibra	3 g
Azúcares	7 g
Sodio	823 mg

Cada porción cuenta como 1/2 proteína, 1 vegetal no feculento y 1 producto lácteo bajo en grasa.

Si eres italiana, o simplemente eres fanática de la cocina italiana, bajar de peso no significa que tengas que abandonar tu cultura o tu amor por la comida. Sin embargo sí se requiere que hagas algunas sustituciones de menor importancia, con el fin de eliminar los efectos de los carbohidratos refinados que promueven la grasa en tu dieta. Como un paso positivo en esa dirección, prueba esta sabrosa lasaña zucchini sin fideos, que controla las calorías y los carbohidratos para ayudarte a administrar tu peso.

8 porciones

3 zucchini grandes, lavados pero sin pelar
2 cucharaditas de sal, o menos, según se necesite
2 cucharaditas de aceite de oliva
4 dientes de ajo picados
1 cucharadita de semillas de hinojo
1/4 de cucharadita de hojuelas de pimiento rojo, machacadas
1 libra de carne de res molida, sin grasa
1 tarro de salsa marinara (3 tazas o 26 onzas)
Aerosol para freír
1 1/2 tazas de ricotta, sin grasa
4 onzas de queso mozarella rallado, sin grasa
1/4 taza de sustituto de huevo, pasteurizado
1 cucharadita de nuez moscada molida o recién rallada
1 cucharada de pan molido de trigo entero
2 cucharadas de queso parmesano, recién rallado

1. Utiliza un cuchillo de queso para rebanar el zucchini en tiras largas. Para lograr lo anterior,

sostén el vegetal en una mano, haz pasar el cuchillo por el zucchini y crea una tira larga de aproximadamente 1/2 cm de grosor. Limpia y seca tu
superficie de trabajo y cúbrela con toallas de papel. Coloca las tiras de zucchini sobre las tiras de
papel, en una sola capa; espolvorea ligeramente
la sal, y deja reposar a temperatura ambiente por
15 minutos, dando vueltas a las tiras una vez conforme dejen escapar su humedad.

2. Entretanto, calienta el aceite en una olla grande
colocada sobre fuego a nivel medio. Agrega el ajo y
cocina, agitando hasta que esté ligeramente tostado,
por cerca de 30 segundos. Agrega las semillas de
hinojo y las hojuelas de pimiento rojo y cocina por
30 segundos. Añade la carne de res molida y continúa cociendo y agitando hasta que la carne se dore,
cerca de 3 minutos. Vierte la salsa marinara, lleva al
punto de hervir, cubre y reduce la flama a un grado
bajo. Deja cocer por 10 minutos.

3. Calienta el horno con anticipación a 350° F
(Aproximadamente 175° C). Aplica el aerosol para
freír a una charola para hornear de 20 por 30 cm.

4. Mezcla bien el queso ricotta, el queso mozarella,
el sustituto de huevo y la nuez moscada en un tazón grande y colócalo todo a un lado.

5. Utiliza toallas de papel limpias para remover la
sal y la humedad de las tiras de zucchini. Con cuidado exprime las tiras entre las toallas de papel,
con el fin de remover la humedad que les quede,
pero sin aplastarlas o deshacerlas.

6. Arma la lasaña al espolvorear la charola para
hornear con 1 cucharadita de pan molido. Coloca
1/3 de las rebanadas de zucchini en la charola, unas

sobre otras conforme sea necesario. Vierte 1/3 de la salsa roja sobre el zucchini, y luego 1/2 de la mezcla de quesos sobre la salsa. Espolvorea una cucharadita de pan molido y luego coloca la mitad de las rebanadas de zucchini restantes. Vierte la mitad de la salsa restante sobre el zucchini, y espolvorea el resto de la mezcla de queso. Vierte 1 cucharadita de pan molido. Finalmente coloca el resto del zucchini y la salsa y espolvorea la charola con queso parmesano rallado.

7. Hornea la lasaña hasta que esté burbujeante y muy caliente, durante 50 minutos. Deja reposar 5 minutos antes de rebanar y servir.

Zanahorias Alfredo

ANÁLISIS NUTRIMENTAL

Calorías	96
Proteínas	6 g
Carbohidratos	14 g
Grasa total	2 g
Grasa saturada	0 g
Colesterol	2 mg
Fibra	4 g
Azúcares	0 g
Sodio	69 mg

Cada porción cuenta como 1 proteína vegetariana, 1 vegetal no feculento y menos de 1/4 de producto lácteo bajo en grasa.

Si no lo has hecho aún, prueba a convertir el tofú en una parte de tu manera de cocinar. Se trata de un alimento vegetariano versátil que hace resaltar el sabor de la comida con que se acompaña y proporciona una gran riqueza de proteína con muy poca grasa y casi nada de colesterol. En esta receta el tofú suave, que tiene una consistencia similar a la natilla, es utilizado para crear una salsa para pasta sin productos lácteos que se sirve sobre las zanahorias ricas en caroteno beta.

4 porciones

1 libra de zanahorias peladas
1 libra de tofú suave (cerca de 3/4 de taza)
2/3 de taza de leche baja en grasa o leche de soya
1/2 de cucharadita de nuez moscada recién rallada o molida

1/4 de cucharadita de pimienta negra recién molida
1/2 cucharadita de queso parmesano recién rallado

1. Haz hervir una gran olla de agua sobre fuego alto. Utiliza un pelador de vegetales para crear tiras largas de zanahoria, que se parezcan a los fideos planos, al pasar el pelador a lo largo de la zanahoria y dejar que las tiras caigan en un tazón. (Habrá algún desperdicio, una pequeña parte del núcleo interior de la zanahoria que no podrás cortar en forma de tiras; guarda esos trozos en el refrigerador para aprovecharlos al crear algún bocadillo en otra ocasión). Debes tener 4 tazas de tiras de zanahoria.

2. Vierte las tiras de zanahoria en el agua hirviente y déjalas hervir por 1 minuto. Drena las zanahorias y enjuaga en agua fría. Colócalas a un lado.

3. Pon el tofú y la leche o la leche de soya en un procesador de alimentos dotado de una cuchilla para cortar en trozos y activa el procesador hasta crear un puré; frota los bordes del tazón de ser necesario. Vierte el puré en una sartén con teflón de aproximadamente 10 pulgadas colocada sobre fuego medio y lleva al punto de hervir. Vierte la nuez moscada y la pimienta. Retira la sartén del fuego y agrega el queso parmesano y las tiras de zanahoria. Mezcla bien antes de servir.

Estofado de tofú estilo asiático

Análisis Nutrimental

Calorías	153
Proteínas	9 g
Carbohidratos	25 g
Grasa total	3 g
Grasa saturada	0 g
Colesterol	0 mg
Fibra	3 g
Azúcares	3 g
Sodio	473 mg

Cada porción cuenta como 1 proteína vegetariana y 1 vegetal no feculento.

Si eres vegetariana, o incluso si no lo eres, puedes aportar algo totalmente nuevo a tu repertorio normal de comidas con esta variación moderna de un antiguo método chino de hacer un estofado con salsa de soya, vinagre y consomé. El tofú contiene sustancias químicas benéficas que se conocen técnicamente como isoflavones, los cuales se ha demostrado que ayudan a disminuir los niveles de colesterol en la sangre.

4 porciones

4 cebollinos, limpios y picados
2 zanahorias, peladas y picadas
2 dientes de ajo picados
1 taza de consomé de vegetales sin sal y sin grasa
3 cucharadas de salsa de soya baja en sodio
2 cucharadas de jengibre fresco, pelado y picado
2 cucharadas de vinagre de arroz o vinagre de vino blanco.
12 onzas de tofú firme, cortado en cubos de aproximadamente 1 cm (cerca de 2 tazas)
16 champiñones sin tallo, partidos en cuartos
2 cucharadas de fécula de maíz batida con 1 cucharada de agua

1. Coloca los cebollinos, las zanahorias, el ajo, el consomé, la salsa de soya, el jengibre y el vinagre en una olla grande y calienta con la flama alta. Cubre, lleva al punto de hervir y a continuación reduce la flama y deja cocer lentamente por 5 minutos para mezclar los sabores y cocer las zanahorias.

2. Agrega los cubitos de tofú y los champiñones, cubre nuevamente y continúa cociendo por 10 minutos. Remueve ocasionalmente pero de manera muy suave, con cuidado de no romper el tofú.

3. Eleva la flama a media-alta. Vierte la mezcla de fécula de maíz, agita con cuidado y cuece hasta que se espese, durante 20 segundos. Retira del fuego, cubre y deja reposar por 5 minutos antes de servir.

Papas fritas "Dólar de plata"

ANÁLISIS NUTRIMENTAL

Calorías	94
Proteínas	3 g
Carbohidratos	22 g
Grasa total	0 g
Grasa saturada	0 g
Colesterol	0 mg
Fibra	2 g
Azúcares	0 g
Sodio	357 mg

Cada porción cuenta como 1 carbohidrato feculento.

Ésta es mi guarnición baja en grasa favorita; un método de preparar las papas que seguramente será el mejor camino hacia el corazón de tu cónyuge en muchas maneras, dado que está preparada en forma saludable para el corazón. La receta no incluye las cubetadas de aceite o manteca que se utilizan generalmente para freír, y reemplaza toda esa grasa con el aerosol vegetal que contiene sólo 1 ó 2 calorías.

4 porciones

Aerosol para freír
4 papas para hornear medianas, preferiblemente rojas
2 cucharadas de salsa comercial para asar
1 cucharadita de sal.

1. Coloca las parrillas en los tercios inferior y superior del horno, y calienta a 425° F (Aproximadamente 220° C). Aplica el aerosol para freír sobre dos planchas con bordes.

2. Corta las papas en rebanadas de 1/2 cm de espesor y colócalas en las planchas para hornear. Rocía ligeramente las papas con el aerosol para freír. Espolvorea ligeramente las rebanadas con salsa para asar y sal.

3. Hornea durante 30 minutos, y luego intercambia las planchas, y continúa horneando hasta que las papas se doren, cerca de 30 minutos más, o 40 minutos para lograr que queden muy crujientes.

Para acompañar las papas, prueba a hacer lo siguiente: utiliza 1/2 taza de crema ácida sin grasa, mezclada con 2 cucharadas de cebolletas picadas o con la parte verde de los cebollinos, 1/2 taza de salsa de tomate mezclada con 1 cucharadita de salsa de rábanos picantes y 1 cucharadita de jugo de limón recién experimido, o 1/2 taza de yogur sin grasa mezclada con 1 cucharada de mostaza de Dijon y 2 cucharaditas de curry en polvo.

Puré de raíces de vegetales invernales

Análisis Nutrimental

Calorías	77
Proteínas	2 g
Carbohidratos	18 g
Grasa total	0 g
Grasa saturada	0 g
Colesterol	0 mg
Fibra	4 g
Azúcares	0 g
Sodio	309 mg

Cada porción cuenta como 1 vegetal no feculento. Los vegetales de esta receta contienen algo de fécula, pero en cantidades mínimas.

Cuando tomas la decisión de asumir el control de tu peso y tu salud, debes dejar de avanzar en la dirección en la que marchabas y dar vuelta en "u" desde el punto de vista nutrimental que te ayudará a convertirte en la persona sana y cargada de energía que realmente quieres ser. Esto significa salir a probar algunos nuevos alimentos y formas nuevas de prepararlas. He aquí una para comenzar, con una alternativa deliciosa, baja en carbohidratos, al puré de papas. Este puré no sólo tiene buen sabor, sino que está lleno de vitaminas, minerales y fibra para combatir las enfermedades. Puedes utilizar el procesador de alimentos para hacer un puré más suave, pero una mezcladora estándar servirá también.

8 porciones

3 chirivías (cerca de 2/3 de libra), peladas y cortadas en rebanadas de 2.5 cm

1 colinabo o nabo sueco (cerca de 1 libra), pelado y cortado en cubos de 2.5 cm

1 nabo grande (cerca de 3/4 de libra), pelado y cortado en cubos de 2.5 cm

1/3 de taza de consomé de vegetales sin sal y sin grasa

2 cucharadas de crema ácida sin grasa

1 1/2 cucharaditas de mostaza de Dijon

1/2 cucharadita de sal

1/4 de cucharadita de pimienta negra recién molida
1 cebollino picado, opcional

1. Coloca el nabo, los colinabos y las chirivías en una olla grande. Agrega agua hasta cubrir y pon a hervir con el fuego a nivel alto. Cubre, reduce la flama a nivel bajo y deja cocer hasta que los vegetales estén tiernos cuando los pinches con un tenedor, cerca de 20 minutos. Drena la olla.

2. Coloca los vegetales cocidos, el consomé, la crema ácida, la mostaza, la sal y la pimienta en un procesador de alimentos dotado de una cuchilla para picar. Activa el procesador en dos ocasiones para mezclar los ingredientes, y luego procesa los alimentos hasta licuar, raspando los bordes del tazón de ser necesario, por 30 segundos. Si lo deseas, acompaña con el cebollino antes de servir.

Ratatouille

El hecho de no comer al menos cinco porciones de frutas y vegetales diariamente puede hacer que te sientas tan fuera de equilibrio desde el punto de vista físico que falles al operar en los niveles críticos. He aquí la solución: el Ratatouille, una gran cantidad de vegetales preparados en un estofado delicioso, altamente nutritivo. El Ratatouille bajo en calorías es otro excelente ejemplo de un platillo de costo de respuesta alto y beneficios altos porque tarda tiempo para comer y te hace sentir satisfecha. Los vegetales y el aceite de oliva son supresores del hambre; alimentos que te ayudan a controlar tu apetito y que te hacen sentir más satisfecha después de ingerir una comida que los contiene.

6 porciones

2 cucharaditas de aceite de oliva
1 cebolla grande, en rebanadas delgadas
4 dientes de ajo, picados
8 jitomates tipo "Roma", cortados en trocitos
2 zucchini grandes, cortados longitudinalmente y
    partidos en rebanadas de 1/2 cm
1 berenjena mediana, cortada en cubos de 1 cm
1 pimiento verde, sin núcleo, sin semillas, cortado en rebanadas delgadas
2 cucharaditas de tomillo seco
1 cucharadita de romero seco
1 cucharada de alcaparras, drenadas y lavadas, opcional
1/2 cucharadita de sal
1/4 de cucharadita de pimienta negra recién molida

1. Calienta el aceite en una olla grande colocada sobre fuego medio. Agrega la cebolla y cuécela, agitando hasta que se suavice, cerca de 3 minutos. Añade el ajo y cuece hasta que suelte su aroma, cerca de 30 segundos.

2. Agrega los jitomates, el zucchini, la berenjena, el pimiento verde, el tomillo y el romero, y remueve hasta que los jitomates se deshagan y el jugo comience a hervir, cerca de 4 minutos. Cubre y reduce la flama a baja. Cuece, agitando ocasionalmente, hasta que los vegetales se hayan suavizado y formen un estofado, por cerca de 35 minutos.

3. Descubre la olla, vierte las alcaparras en caso de que decidas utilizarlas, y hierve hasta que la mezcla se espese ligeramente, cerca de 10 minutos más. Sazona con sal y pimienta antes de servir.

Guisantes y legumbres

Análisis Nutrimental

Calorías	95
Proteínas	7 g
Carbohidratos	14 g
Grasa total	3 g
Grasa saturada	0.5 g
Colesterol	10 mg
Fibra	4 g
Azúcares	0 g
Sodio	938 mg

Cada porción cuenta como 1 carbohidrato feculento y 1 vegetal no feculento.

A pesar de que pienso que la suerte sólo visita a quienes han planificado cuidadosamente para encontrarla, muchas personas comen para mejorar su suerte, especialmente al comenzar el año y como parte de la tradición de las festividades de Año Nuevo. Un platillo muy popular es el llamado "Hoppin' John", procedente del sur de Estados Unidos, hecho tradicionalmente con guisantes y tocino. Esta versión reduce la grasa y aumenta el valor nutritivo al incluir tocino de pavo y cardo suizo. ¿Quién sabe? Quizá este platillo afortunado te dará buena suerte en tu jornada hacia la pérdida de peso.

4 porciones

4 tiras de tocino de pavo, cortada en trozos grandes

3 dientes de ajo picados

1 1/2 tazas de guisantes enlatados, drenados y lavados

1 libra de cardo suizo, al vapor, cuyas hojas estén lavadas pero no secas, y cortada en trozos grandes (4 tazas de verduras)

1/3 de taza de consomé de vegetales sin sal y sin grasa

1/2 cucharadita de sal

2 ó 3 gotas de salsa Tabasco, opcional

1. Calienta una olla grande a fuego medio. Agrega el tocino y cuece, agitando frecuentemente, hasta que se dore, cerca de 2 minutos. Agrega el ajo y cuece hasta que suelte su aroma, cerca de

20 segundos. Vierte los guisantes y cocina por 30 segundos, agitando constantemente.

2. Coloca las hojas de cardo sobre los guisantes y vierte el consomé. Cubre la olla, reduce la flama a baja y hierve hasta que las hojas de cardo se marchiten, cerca de 3 minutos. Vierte la sal y la salsa Tabasco, si la utilizas, mezclando las verduras con los guisantes. Sirve inmediatamente.

Ensalada de rábanos

ANÁLISIS NUTRIMENTAL

Calorías	37
Proteínas	1 g
Carbohidratos	7.5 g
Grasa total	0 g
Grasa saturada	0 g
Colesterol	0 mg
Fibra	2 g
Azúcares	1 g
Sodio	259 mg

Cada porción cuenta como 1 vegetal no feculento.

¿No existe alguna forma de escapar de las ensaladas tradicionales que aparecen en prácticamente todos los planes de dieta? ¡Me alegra que lo preguntes! He aquí una ensalada espectacular, útil para adelgazar, preparada con tres vegetales de costo de respuesta alto y beneficios altos, que proporcionan gran ayuda para controlar el apetito, así como un sabor increíble. Esta receta puede alimentar a una multitud.

12 porciones

3/4 de taza de mayonesa sin grasa
1 cucharada de mostaza de Dijon
1 cucharada de vinagre de sidra
2 cucharaditas de semilla de apio
2 cucharaditas de eneldo seco
1 cucharadita de sal
1/2 cucharadita de pimienta negra recién molida
20 rábanos grandes, rallados (cerca de 4 tazas)
2 pimientos verdes o rojos, sin núcleo y sin semillas, rallados (cerca de 2 tazas)
1 col pequeña, sin núcleo, sin las hojas exteriores, rallada (cerca de 2 tazas, comprimida)

1. Bate la mayonesa, la mostaza, el vinagre, las semillas de apio, el eneldo, la sal y la pimienta en un tazón pequeño, hasta que quede cremoso; coloca a un lado.

2. Vierte los rábanos rallados, los pimientos y la col en un tazón grande. Agrega el aderezo y remueve hasta que los vegetales estén bien cubiertos. Para mejorar el sabor, cubre y refrigera por 30 minutos antes de servir, y luego remueve nuevamente para reincorporar el líquido que se acumula al fondo.

Remolacha asada

ANÁLISIS NUTRIMENTAL

Calorías	123
Proteínas	3 g
Carbohidratos	13 g
Grasa total	8 g
Grasa saturada	1 g
Colesterol	0 mg
Fibra	4 g
Azúcares	0 g
Sodio	298 mg

Cada porción cuenta como 1 vegetal no feculento y 1 grasa. La porción de fruta es insignificante y se le incluye para dar sabor.

Hazte la promesa de que probarás al menos un nuevo vegetal por semana durante el próximo mes. Amplía tu repertorio alimenticio, tan sólo para demostrar que puedes hacerlo. ¿Por qué no comenzar esta semana con la remolacha? Su intenso color rojo proviene de un pigmento púrpura con poderes antioxidantes, quizá lo suficientemente fuerte para protegerte contra el cáncer y las enfermedades del corazón. Cuando adquieras la remolacha para esta receta, no te deshagas de las hojas. Consulta "Hojas marchitas de remolacha"en relación con una manera nutritiva de crear un lecho de verduras para tu remolacha asada. (Un consejo: el jugo de limón limpia las manchas rojas que aparecen en tus manos como resultado de preparar la remolacha).

6 porciones

1/4 de taza de pedacitos de castaña

2 libras de remolachas (cerca de 6 medianas), peladas y cortadas en cubos de 1 cm

2 cucharadas de aceite de castaña o aceite de oliva

1 cucharadita de sal

1/2 cucharadita de pimienta negra recién molida

2 cucharadas de vinagre balsámico

1 taza de gajos de mandarina empacados en agua, drenados

2 cebollinos cortados en rebanadas delgadas

2 cucharaditas de romero fresco picado

1. Calienta el horno a 400° F (Aproximadamente 205° C).

2. Coloca las castañas en una plancha de hornear con bordes y tuéstalas en el horno hasta que se doren ligeramente, por 5 minutos. Colócalas a un lado.

3. Coloca la remolacha en una plancha para asar de bordes bajos. Agrega el aceite, la sal y la pimienta, y remueve bien. Hornea, removiendo de manera ocasional, hasta que la remolacha esté suave cuando la pinches con un tenedor, cerca de 40 minutos.

4. Retira la plancha del horno y vierte el vinagre. Remueve con cuidado pero bien, y raspa cualquier pedacito que se haya quedado pegado a la plancha, con cuidado de no aplastar la remolacha. Vierte la mezcla a un tazón grande y enfría por 5 minutos.

5. Vierte los gajos de mandarina, los pedacitos de castaña, los cebollinos y el romero. Sirve caliente, a temperatura ambiente, o frío.

Hojas marchitas de remolacha

Análisis Nutrimental

Calorías	8
Proteínas	1 g
Carbohidratos	2 g
Grasa total	0 g
Grasa saturada	0 g
Colesterol	0 mg
Fibra	1.5 g
Azúcares	0 g
Sodio	193 mg

Cada porción cuenta como
1 vegetal no feculento.

Retira los tallos rojos y duros que se encuentran en el centro de las hojas, y corta las hojas en trocitos. Lava las hojas con agua fría y colócalas en una olla con teflón, con un poco de agua cubriendo las hojas. Enciende la estufa a fuego alto, cubre la olla, reduce la flama a baja y deja hervir hasta que las hojas se marchiten y se suavicen, por cerca de 5 minutos. Sazona las verduras con 1/2 cucharadita de sal antes de servir.

Espárragos a la vinagreta caliente

Análisis Nutrimental

Calorías	29
Proteínas	2 g
Carbohidratos	5 g
Grasa total	0 g
Grasa saturada	0 g
Colesterol	0 mg
Fibra	2 g
Azúcares	0 g
Sodio	272 mg

Cada porción cuenta como
un vegetal no feculento.

Debes conocer el hecho de que los vegetales son tu mejor opción nutrimental. En los planes alimenticios delineados para ti en *La solución definitiva al sobrepeso: Siete claves para alcanzar tu peso ideal*, los vegetales no feculentos como el espárrago constituyen una categoría de alimentos que puedes comer a tu antojo, de manera que no escatimes. En la receta reproducida a continuación, una porción de espárragos (6 espárragos) proporcionan más de una tercera parte de tus necesidades diarias de una importante vitamina B denominada folato. Puedes utilizar la misma receta con los ejotes; sólo recuerda recortar las puntas.

6 porciones

24 espárragos frescos, sin la parte dura de los tallos, cortados en tercios

1/4 de aderezo de ensalada italiana sin grasa (ver
nota)

1 cucharada de hojas planas de perejil cortadas en
trocitos

2 cucharaditas de hojas de orégano fresco cortado
en trocitos

1 cucharadita de hojas de tomillo fresco, cortado
en trocitos

1/4 de cucharadita de pimienta negra recién molida

2 cucharadas de almendras rebanadas, opcional

1. Coloca los espárragos en una olla grande, cúbrelos con agua y lleva al punto de hervir a fuego
alto. Cuece hasta que se suavicen, no más de 2
minutos. Drena la olla con una coladera, y pasa
los espárragos por agua fría.

2. Regresa la olla a fuego medio, agrega el aderezo y remueve hasta que se caliente, por 30 segundos. Vuelve a colocar los espárragos en la olla y
agítalos bien en el aderezo. Vierte el perejil, el
orégano, el tomillo, la pimienta y las almendras,
si las utilizas. Calienta durante 10 segundos, antes de servir.

Nota: Aunque no carece de grasa, puedes elaborar una vinagreta sabrosa, hecha en casa, con aceite
de nuez. Bate dos cucharadas de aceite de nuez o
aceite de almendras, 1 cucharada de vinagre de
vino blanco, y 1/2 cucharadita de sal en un tazón
pequeño, y a continuación vierte la mezcla en la
olla para calentar.

Calabaza glazé

ANÁLISIS NUTRIMENTAL

Calorías	116
Proteínas	2 g
Carbohidratos	30 g
Grasa total	0 g
Grasa saturada	0 g
Colesterol	0 mg
Fibra	3 g
Azúcares	0 g
Sodio	183 mg

Cada porción cuenta como 1 carbohidrato feculado y 1/4 de fruta.

Tú eres responsable de tus elecciones, y entre ellas está la de qué comes cada día. Cuando eliges alimentos saludables, eliges una mejor salud. Algo que no debe faltar en tu lista de alimentos saludables es la calabaza, un auténtico campeón de la salud, pues tiene numerosos nutrientes, los cuales fortalecen el sistema inmunológico. Una de sus variedades más sabrosas es la calabaza de bola, de sabor dulce y abundante fibra. Preparada de manera sencilla, como en esta receta, es una deliciosa guarnición para prácticamente cualquier guiso de carne, pescado o ave.

4 porciones

2 calabazas redondas, peladas, partidas a la mitad, sin semillas, y cortadas en cubos de 1 cm (ver nota)
1 taza de jugo de manzana sin endulzante
1 ramita de canela (10 cm)
4 cerezas
1/2 cucharadita de sal
1/4 de cucharadita de nuez moscada recién rallada o molida

1. Coloca los cubitos de calabaza en una olla grande y agrega el jugo de manzana. Añade la ramita de canela y las cerezas, y pon la olla a fuego alto, hasta que hierva. Cubre, reduce la flama a baja y deja cocer hasta que la calabaza esté suave cuando la pinches con un tenedor, por cerca de 12 minutos.

2. Utiliza una cuchara con ranuras para pasar la calabaza a un tazón para servir; cubre y colócala a un lado. Retira la ramita de canela y las cerezas.

3. Incrementa el calor a medio-alto y hierve el líquido hasta que se espese y se reduzca a glazé, cerca de 3 minutos. Debes tener cerca 2 cucharadas de glazé. Agrega la sal y la nuez moscada, vierte el glazé sobre la calabaza cocida y sirve inmediatamente.

Nota: Puedes utilizar también una calabaza larga, 2 calabazas de la variedad "kabochee", o 1 calabaza del tipo azul.

Bocadillos

6

Al comer bocadillos saludables, puedes dar un gran paso para cambiar y en última instancia controlar tu peso para toda tu vida. Comer tres comidas diarias, con el tipo correcto de alimentos entre comidas, te ayudará a mantener los niveles de sangre a niveles regulares a lo largo del día, de manera que tu cerebro no reciba la señal correspondiente a una necesidad imperiosa de conseguir más comida, y tú tendrás menos deseos de comer de más. Lo que es más importante, una serie de comidas que incluyan al menos dos bocadillos distribuidos a lo largo del día también permite que tu metabolismo funcione a gran velocidad. De manera que comer bocadillos consistentes en alimentos de costo de respuesta alto y beneficios altos es en realidad muy importante para tener éxito en el control de tu peso.

En contraste, comer bocadillos de costo de respuesta bajo y beneficios bajos como las papas fritas, las galletas, los pastelillos y otros artículos similares puede agregar cientos y cientos de calorías diarias que no necesitas, además de la ganancia de peso resultante.

El propósito de contar con un bocadillo saludable consiste en enriquecer tu dieta con nutrientes adicionales. En consecuencia, los bocadillos incluidos en este capítulo han sido diseñados para proporcionarte un buen valor nutrimental. Cada uno de ellos es delicioso y te hará sentir satisfecha, y el resultado es una colección de bocadillos que no sólo son buenos para tu salud, sino que además están destinados a convertirse en aquellos que tú y tu familia disfruten más.

Pasta de tomates secos

ANÁLISIS NUTRIMENTAL

Calorías	56
Proteínas	6 g
Carbohidratos	8 g
Grasa total	0 g
Grasa saturada	0 g
Colesterol	5 mg
Fibra	2 g
Azúcares	0 g
Sodio	525 mg

Cada porción cuenta como 1 vegetal no feculento.

Este bocadillo sin grasa requiere tomates secos, lo que le proporciona su sabor fuerte. Unta la mezcla a tallos de apio para obtener un bocadillo crujiente, de costo de respuesta alto y beneficios altos.

8 porciones

8 onzas de queso crema sin grasa, en cubitos
2 dientes de ajo
1 taza de tomates secos suaves (ver nota)
2 cucharadas de jugo de limón recién exprimido
1 cucharadita de albahaca seca
1 cucharadita de orégano seco
1 cucharadita de semillas de hinojo
1/2 cucharadita de sal

1/4 de cucharadita de pimienta negra recién molida

16 tallos de apio

1. Coloca el queso crema, el ajo, los tomates secos, el jugo de limón, la albahaca, el orégano, el hinojo, la sal y la pimienta en un procesador de alimentos dotado de una cuchilla para picar. Activa el procesador tres veces, y luego procesa para licuar por 1 minuto. De ser necesario, detén el procesador ocasionalmente para raspar los lados del tazón.

2. Unta dos cucharadas de la mezcla a cada tallo del apio; córtalos en tercios y sirve inmediatamente. O bien almacena la pasta, en un recipiente hermético, en el refrigerador hasta por 2 días; deja que vuelva a la temperatura ambiente antes de usar.

Nota: Los tomates secos deben ser muy suaves, no deben estar apelmazados. Para obtener mejores resultados busca los tomates secos empacados en paquetes sellados en la sección de vegetales, o a granel en los mercados de alimentos italianos. En todo caso pruébalos para confirmar que están flexibles. De no ser así, colócalos en un tazón grande, cúbrelos con agua hirviente, déjalos reposar por 1 minuto y luego drénalos y deja secar. No utilices tomates secos empacados en aceite.

Palomitas de maíz sazonadas

En Estados Unidos se comen más palomitas de maíz que ningún otro bocadillo, y los estadounidenses consumen cerca de diecisiete mil millones de cuartos de galón anualmente, o 59 cuartos de galón por cada hombre, mujer y niño en el país. A pesar de que se trata de un alimento saludable, bajo en grasa y con gran contenido de fibra, este bocadillo irresistible es generalmente consumido en aceite o mantequilla, lo que lo convierte en un bocadillo prohibido si tu meta consiste en perder peso. Sin embargo, existen formas de preparar las palomitas de maíz sin tener que agregar aceite o mantequilla. Para cambiar su presentación, dale un giro a tus palomitas de maíz con estos tres sazonadores sencillos. Es posible que el resultado realmente te sorprenda. Asegúrate de utilizar palomitas de maíz reventadas con aire, y agrega las especias cuando todavía estén calientes.

Palomitas estilo "barbecue"

Análisis Nutrimental

Calorías	71
Proteínas	2 g
Carbohidratos	14 g
Grasa total	1 g
Grasa saturada	0 g
Colesterol	0 mg
Fibra	3 g
Azúcares	0 g
Sodio	352 mg

Cada porción cuenta como 1 carbohidrato feculento.

4 porciones

1 cucharada de paprika suave
1 cucharadita de sal estilo "nogal ahumado" (ver nota)
1 cucharadita de cebolla en polvo
1/2 cucharadita de comino molido
1/2 cucharadita de ajo en polvo
8 tazas de palomitas de maíz preparadas
Aerosol para freír sabor mantequilla

Mezcla la paprika, la sal, la cebolla en polvo, el comino y el ajo en polvo en un tazón pequeño. Distribuye las palomitas calientes en una charola grande con bordes y aplica el aerosol para freír. Espolvorea la mezcla sobre las palomitas de maíz, revuelve y sirve inmediatamente.

Nota: La sal estilo "nogal ahumado" está disponible en algunos supermercados y tiendas de alimentos especiales, y también puedes adquirirla por correo en Internet.

ANÁLISIS NUTRIMENTAL

Calorías	84
Proteínas	4 g
Carbohidratos	14 g
Grasa total	3 g
Grasa saturada	1 g
Colesterol	4 mg
Fibra	2.5 g
Azúcares	0 g
Sodio	271 mg

Cada porción cuenta como 1 carbohidrato feculento.

Palomitas de maíz estilo parmesano

4 porciones

1/4 de queso parmesano rallado, bajo en grasa
1 cucharada de hojuelas de perejil seco
2 cucharaditas de orégano seco
2 cucharaditas de albahaca seca
1/2 cucharadita de sal de ajo
8 tazas de palomitas de maíz preparadas

Mezcla el queso parmesano, el perejil, el orégano, la albahaca y la sal de ajo en un tazón pequeño. Coloca las palomitas de maíz calientes en una charola grande con bordes y espolvorea la mezcla. Revuelve bien y sirve inmediatamente.

Análisis Nutrimental

Calorías	76
Proteínas	2 g
Carbohidratos	14 g
Grasa total	1 g
Grasa saturada	0 g
Colesterol	0 mg
Fibra	3 g
Azúcares	0 g
Sodio	292 mg

Cada porción cuenta como
1 carbohidrato feculento.

Palomitas de maíz con naranja picante

4 porciones

2 cucharadas de cáscara de naranja seca, molida
2 cucharaditas de pimienta de Jamaica molida
1 cucharadita de mostaza seca
1 cucharadita de nuez moscada recién rallada o
    molida
1 cucharadita de jengibre molido
1/2 cucharadita de sal
1/4 de cucharadita de pimienta de cayena, opcional
8 tazas de palomitas de maíz preparadas
Aerosol para freír sabor mantequilla

Mezcla la cáscara de naranja molida, la pimienta de Jamaica, la mostaza seca, la nuez moscada, el jengibre, la sal y la pimienta de cayena, si la usas, en un tazón pequeño. Distribuye las palomitas de maíz calientes en una charola grande con bordes y aplica el aerosol para freír. Espolvorea la mezcla de especias sobre las palomitas de maíz, revuelve y sirve inmediatamente.

Nota: La cáscara de naranja y limón secos está disponible en la sección de especias de la mayoría de los supermercados; el polvo molido es más difícil de encontrar. Para crear tu propio polvo, muele el doble de la cantidad de cáscara seca mencionada en esta receta en un pequeño procesador de alimentos, un molino de café o un molino de especias. O bien machácalas en un molcajete. Vuelve a medir la cantidad de cáscara molida para asegurarte de que tienes la cantidad correcta.

Galletas de mini-pizza

Una llamada de atención a todos aquellos que aman la pizza: con estas creativas "mini-pizzas", que utilizan galletas de trigo entero como base, ustedes tendrán el gran sabor de la pizza sin las calorías y los carbohidratos refinados que generalmente la acompañan. También son perfectas para utilizarlas en una charola de aperitivos para las fiestas.

4 porciones

1 cucharadita de orégano seco
1 cucharadita de albahaca seca
1/4 de cucharadita de hojuelas de pimiento rojo machacadas, opcional
16 galletas tipo Triscuit, bajas en sal
16 tomates secos, suaves y flexibles
5 cucharadas y 1 cucharadita de queso provolone o mozarella rallado, bajo en grasa

1. Calienta el horno. Mezcla el orégano, la albahaca y el pimiento rojo, si lo utilizas, en un tazón pequeño, y colócalo a un lado.

2. Coloca las galletas en una charola para hornear con bordes, pon un tomate seco en cada una y cubre con 1 cucharadita de queso.

3. Coloca aproximadamente 15 centímetros debajo de la fuente de calor y hornea justo hasta que el queso se derrita, cerca de 15 segundos. Espolvorea la mezcla de yerbas sobre las "mini-pizzas" y sirve inmediatamente.

"Dip" de garbanzos estilo asiático

ANÁLISIS NUTRIMENTAL

Calorías	136
Proteínas	5 g
Carbohidratos	18 g
Grasa total	5 g
Grasa saturada	0 g
Colesterol	0 mg
Fibra	0 g
Azúcares	0 g
Sodio	253 mg

Cada porción cuenta como aproximadamente 1 carbohidrato feculento o 1 proteína vegetariana

Si deseas percibir la manera en que bajas de peso en los próximos meses, prueba a experimentar con nuevas formas de preparar "dips" para volverte más esbelta. La clave estriba en sustituir los ingredientes estándar —como la crema ácida— por ingredientes bajos en grasa o sin grasa. Los garbanzos molidos que se incluyen en esta receta se encuentran entre los "dips" más fáciles que puedes encontrar. Agrega el "wasabi" (elaborado a partir de una variedad japonesa de salsa de rábanos) para darle sabor a los garbanzos, y sírvelos con zanahorias crudas y apio.

4 porciones

1 lata de garbanzos (15 onzas) drenados y lavados
1 diente de ajo, cortado en tres piezas
1/4 de taza de agua
2 cucharadas de jugo de limón recién exprimido
1 cucharada de aceite de ajonjolí
1 cucharada de salsa de soya baja en sodio
1 cucharadita de pasta de "wasabi", o 2 cucharaditas de polvo de "wasabi" mezcladas con 2 cucharaditas de agua.

Coloca los garbanzos, el ajo, el agua, el jugo de limón, el aceite de ajonjolí, la salsa de soya y la pasta de wasabi en un procesador de alimentos dotado de una cuchilla para cortar en trocitos. Activa el procesador en dos o tres ocasiones para mezclar, raspa los lados del tazón y procesa hasta licuar, por cerca de 1 minuto. Transfiere la mezcla a un tazón y sirve a temperatura ambiente, o bien almacénalo en el refrigerador cubierto herméticamente, hasta por 2 días.

Nota: Este "dip" puede elaborarse en la licuadora, pero tendrás que detener el motor y utilizar una espátula de hule o el mango de una cuchara de madera para empujar los ingredientes hacia las cuchillas en varias ocasiones durante la preparación. El "dip" será más espeso que el preparado con un procesador de alimentos. Si es demasiado espeso, agrega 2 cucharadas más de agua.

Guacamole

ANÁLISIS NUTRIMENTAL

Calorías	75
Proteínas	3 g
Carbohidratos	5 g
Grasa total	5.5 g
Grasa saturada	1 g
Colesterol	0 mg
Fibra	2 g
Azúcares	0 g
Sodio	226 mg

Cada porción cuenta como 1 vegetal no feculento y 1 grasa y representa una cantidad insignificante de proteína vegetariana.

Entre los "dips" que provienen de México, el guacamole generalmente gana todos los concursos de popularidad sin dificultades. Junto con el potasio y una gran cantidad de vitaminas, los aguacates están llenos de grasas monosaturadas, que ayudan a bajar el nivel de colesterol LDL (o malo) y los triglicéridos, mientras incrementa el nivel de colesterol HDL (o bueno). Esta receta incluye un poco de tofú suave ligero para proporcionar a la mezcla una textura cremosa, así como una dosis extra de proteína. Sirve con vegetales crudos, cortados en trocitos.

6 porciones

6 onzas de tofú ligero (3/4 taza)
1 aguacate Haas maduro, sin hueso y pelado (ver la nota)
1 jitomate grande, cortado en trozos pequeños
1/4 de taza de cebolla roja, picada
2 cucharadas de jugo de limón recién exprimido
3/4 de cucharadita de sal
1/2 cucharadita de comino molido
3 a 5 gotas de salsa Tabasco

1. Coloca el tofú y el aguacate en un tazón mediano y machácalos con un tenedor hasta que se vuelvan cremosos.

2. Vierte el jitomate, la cebolla roja, el jugo de limón, el cilantro, la sal, el comino y la salsa Tabasco. Sirve inmediatamente o cubre y refrigera hasta por 2 horas.

Nota: En los mercados generalmente puedes encontrar dos variedades de aguacate, el aguacate verde claro y suave procedente de Florida, y el aguacate Haas, que es más oscuro, de cáscara granulosa, más pequeño y cremoso que el aguacate de Florida.

Salsa de frutas

ANÁLISIS NUTRIMENTAL

Calorías	12
Proteínas	0 g
Carbohidratos	9 g
Grasa total	0 g
Grasa saturada	0 g
Colesterol	0 mg
Fibra	2 g
Azúcares	0 g
Sodio	2 mg

Cada porción cuenta como 1 alimento libre.

He aquí una idea inusual e imaginativa de crear un bocadillo sabroso: un "dip" seco de fruta seca, de manzana fresca o de rebanadas de pera, o de fresas frescas. Prepara esta salsa o "dip" en grandes cantidades y almacénalo en un recipiente que cierre herméticamente, en la parte oscura de tu alacena, para tenerlo a la mano siempre que quieras comer un bocadillo.

8 porciones

Sustituto de azúcar granulado que equivalga a 1/4 de taza de azúcar (consulta la etiqueta del producto)

3 cucharadas de comino molido

2 cucharadas de limón seco molido o de cáscara de naranja

1 cucharadita de pimienta de Jamaica molida

1 cucharadita de clavo molido

1/2 cucharadita de nuez moscada recién rallada o molida

Mezcla todos los ingredientes en un tazón pequeño y almacena, en un recipiente cerrado herméticamente, hasta por 2 meses (Una porción consiste en una cucharada colmada).

Dátiles rellenos

Análisis Nutrimental

Calorías	189
Proteínas	6 g
Carbohidratos	38 g
Grasa total	2 g
Grasa saturada	0 g
Colesterol	5 mg
Fibra	4 g
Azúcares	0 g
Sodio	171 mg

Cada porción cuenta como 1 fruta y aproximadamente 1 grasa.

Los dátiles son ricos en fibra, vitamina B, potasio, magnesio y hierro. Para esta receta busca dátiles grandes y sin semilla, como la variedad Medjool, que es la mejor para rellenar. Esta receta puede ser duplicada o triplicada para servir en fiestas.

4 porciones

4 onzas de queso crema sin grasa, suavizado

1/4 de taza de mermelada de naranja sin azúcar, o de jalea de frutas

20 dátiles grandes sin semilla

20 almendras rebanadas (aproximadamente 3 cucharadas)

1. Con ayuda de un tenedor o una cuchara de madera mezcla el queso crema y la mermelada en un tazón pequeño, hasta que esté cremoso.

2. Utiliza un cuchillo para pelar y haz un corte a lo largo del costado de cada dátil y abre con cuidado, sin dividirlo. Divide la mezcla de queso crema de manera equitativa entre los dátiles, rellenándolos con aproximadamente 2 cucharaditas por dátil.

3. Coloca una almendra rebanada en cada uno de ellos y sirve.

Limonada de frambuesa

Análisis Nutrimental

Calorías	171
Proteínas	1 g
Carbohidratos	19 g
Grasa total	0 g
Grasa saturada	0 g
Colesterol	0 mg
Fibra	2 g
Azúcares	6 g
Sodio	2 mg

Cada porción cuenta como 1 fruta.

Para obtener una nueva versión de la limonada, prueba esta bebida refrescante este verano, elaborada con frambuesas ricas en antioxidantes.

6 porciones

2 pintas de frambuesas frescas, o 1 bolsa de frambuesas congeladas (12 onzas), descongeladas
4 tazas de agua
2 tazas de jugo de limón recién exprimido o adquirido sin endulzantes
1/2 taza de concentrado de jugo de uvas blancas sin endulzante, descongelado
Sustituto de azúcar granulada equivalente a 1/2 taza de azúcar (consulta la etiqueta del paquete)

Utiliza el mango de una cuchara de madera para hacer pasar las frambuesas por un colador fino colocado sobre una jarra grande, para extraer las semillas. Agrega el agua, el jugo de limón, el concentrado de jugo de uva y el sustituto de azúcar, y agita bien. (Como alternativa, coloca todos los ingredientes en una licuadora grande y mezcla hasta licuar; a continuación vierte la mezcla en una jarra grande al hacerla pasar por un colador fino cubierto de una doble capa de toallas de papel para retirar las semillas de frambuesa). En cualquier caso, sirve sobre hielo o cubre y almacena en el refrigerador hasta por 4 días.

Postres

7

Por naturaleza, la gente desea lo que no puede tener, y en la mayoría de las dietas no puedes tener muchos tipos de postres. Lo que deseo que reconozcas es que cuando tú o alguien más, o incluso una dieta, te dice que no puedes comer ciertos alimentos, puedes esperar que tu deseo por comerlos se intensifique. Debido a que sientes lástima por ti misma, es posible que comas de más con el fin de compensar tu sentimiento de privación, y como resultado haces fracasar tu plan alimenticio. Sin embargo, lograr y mantener un peso deseable no significa que debas renunciar a los postres. Con tan sólo utilizar algunos sustitutos del azúcar y la grasa y un poco de creatividad puedes preparar y disfrutar de los postres que te ayudarán a adelgazar y que te proporcionarán los resultados que estás buscando.

Lo que es maravilloso acerca de este capítulo es que incluye postres que no sólo son más sanos que los dulces regulares sino que también te hacen sentir satisfecha, con la capacidad de controlar tu antojo de comer más cosas dulces. Los postres de costo de respuesta alto y beneficios altos te dejarán muy satisfecha, de manera que no te descubras buscando otra rebanada u otro pedazo de algo que sabotearía tus esfuerzos por controlar tu peso.

Estos no son alimentos que te harán engordar y te proporcionarán una mala nutrición. Su atractivo y gran sabor depende de la dulzura natural de la fruta y de los saborizantes bajos en calorías, y todos ellos incluyen proteína, calcio y otros nutrientes esenciales.

De manera que si te gustan los postres, has venido al lugar indicado. ¡Consiéntete y disfruta!

Pastel de queso y albaricoque

ANÁLISIS NUTRIMENTAL

Calorías	198
Proteínas	12 g
Carbohidratos	32 g
Grasa total	2 g
Grasa saturada	0 g
Colesterol	57 mg
Fibra	2 g
Azúcares	0 g
Sodio	350 mg

Cada porción cuenta como 1 fruta, 1/2 taza de producto lácteo bajo en grasa, 1 onza de proteína y 1/4 de fécula.

Cuando deseas comer pastel de queso, pero no quieres ingerir las calorías, el azúcar y la grasa que generalmente lo acompaña, he aquí la solución: un pastel de queso muy denso con una textura cremosa que satisfará tu gusto sin trastornar tus esfuerzos para controlar tu peso.

8 porciones

4 tazas de yogur natural sin grasa

6 onzas de albaricoques secos partidos por la mitad, de preferencia de la variedad "California"

2 tazas de agua hirviente

Aerosol para freír

1 taza de cereal Crunchy Pecans

1/3 de taza de concentrado de jugo de manzana sin endulzar congelado, descongelado

6 onzas de queso crema sin grasa, cortado en trozos y suavizado

2 huevos grandes, a temperatura ambiente (ver nota 1)

1 huevo blanco grande, a temperatura ambiente

Sustituto de azúcar granulada equivalente a 3 cucharadas de azúcar (consulta la etiqueta del paquete)

1 cucharada de extracto de vainilla

1/2 cucharadita de sal (ver nota 2)

1. Envuelve un colador con toallas de papel húmedas y colócalo sobre un tazón grande. Haz pasar el yogur por la coladera y déjalo drenar por 3 horas, o hasta que 1 1/2 tazas de líquido hayan sido drenadas del yogur.

2. Entretanto coloca los albaricoques en un tazón mediano y cúbrelos con agua hirviente. Deja reposar hasta que se suavicen, durante 30 minutos. Drena y coloca a un lado.

3. Coloca una parrilla en el centro del horno y calienta a 350° F (Aproximadamente 175° C).

4. Rocía el interior de una bandeja para hornear pastel (ver nota 3) con aerosol para freír. Coloca el cereal en un procesador de alimentos dotado de una cuchilla para picar y actívalo hasta que quede molido finamente, por 30 segundos. Como alternativa, coloca el cereal en una bolsa de plástico, extrae el aire y sella herméticamente. Utiliza un rodillo pesado o la base de una sartén grande y pesada para pulverizar el cereal y lograr la textura deseada, haciendo rotar la bolsa frecuentemente para que el cereal quede machacado. Vier-

te el cereal molido en la bandeja para hornear. Da vuelta a la bandeja hasta que el cereal cubra el fondo y los costados para formar una pasta.

5. Coloca los albaricoques suavizados y el concentrado de jugo de manzana en un procesador de alimentos dotado de una cuchilla para picar o en una licuadora grande y licua durante cerca de 1 minuto. (Si utilizas una licuadora, es posible que tengas que detenerte frecuentemente para raspar los bordes con una espátula de hule o con el mango de una cuchara de madera.)

6. Agrega el queso crema, los huevos, la clara de huevo, el sustituto de azúcar, la vainilla y la sal al procesador de alimentos o licuadora, y activa el aparato hasta obtener un licuado, cerca de 1 minuto. Vierte con cuidado la mezcla en la charola de hornear, para no deformar la pasta.

7. Hornea hasta que el pastel se asiente pero que aún tenga la consistencia de una natilla, por cerca de 1 hora. Coloca en una parrilla y enfría hasta que alcance la temperatura ambiente, aproximadamente 1 hora. Cubre herméticamente y refrigera en la charola para hornear por al menos 2 horas antes de servir.

8. Para servir, retira el seguro de la charola para hornear pasteles y saca el pastel del molde con cuidado. Debido a que el pastel está húmedo, no retires la plancha del fondo. Deja el pastel, aún con la plancha que le sirve de base, sobre un platón para servir, para que puedas rebanarlo. El pastel de queso puede ser almacenado en el refrigerador, cubierto, hasta por 3 días.

Chuletas de cordero a la parrilla estilo griego, p.148,
y Espárragos a la vinagreta caliente, p. 202.

Filete de pescado horneado, p. 166.

Lomo de cerdo asado a la italiana, p. 140, y Hojas marchitas de remolacha, p. 202.

Carne frita con brócoli, p. 133.

Pollo frito estilo sureño, p. 154, y Remolacha asada, p.200.

Pastel de dulce de café, p. 234.

Pastel de crema de plátano, p. 226.

Peras escalfadas, p. 238.

Nota 1: En su mayor parte, los huevos necesitan estar a temperatura ambiente cuando elabores postres. Los huevos fríos pueden afectar la pasta e impedir que los platillos puestos al horno se eleven hasta alcanzar su altura máxima. Para llevar los huevos a temperatura ambiente, déjalos a un lado por 15 minutos, o colócalos en un tazón grande con agua tibia (no uses agua caliente) por cerca de 3 minutos antes de utilizar.

Nota 2: La sal es el ingrediente secreto que los pasteleros utilizan para mejorar los postres. La sal hace que el sabor dulce destaque, especialmente en los postres de fruta. Puedes no utilizarla si lo prefieres, pero el platillo final tendrá menos sabor.

Nota 3: Una charola para hornear es un recipiente que tiene bordes altos que pueden ser retirados o separados del fondo, y puedes adquirirla en casi todas las tiendas de artículos domésticos. Un seguro te permite retirar los lados de la charola, para que puedas sacar el pastel sin tener que voltearlo y quizá dañar el delicado producto que has horneado.

Pastel de crema de plátano

Análisis Nutrimental

Calorías	233
Proteínas	9.5 g
Carbohidratos	37 g
Grasa total	5 g
Grasa saturada	0 g
Colesterol	2.5 mg
Fibra	2 g
Azúcares	4 g
Sodio	510 mg

Cada porción cuenta como 1/4 de fruta, 1/2 de carbohidrato feculento, 1/2 de producto lácteo bajo en grasa y una pizca de grasa.

El pastel de crema de plátano es siempre una delicia y uno de los postres favoritos en las reuniones de mi familia. Si te encuentras entre los fanáticos del pastel de crema de plátano, seguramente disfrutarás lo que hemos preparado para ti. La grasa y las calorías han sido reducidas, pero sin la correspondiente pérdida de riqueza o sabor. Y hay una ganancia nutrimental inesperada: una saludable dosis de fibra y mucho calcio en cada bocado.

8 porciones

2 1/2 tazas de cereal Banana Nut Crunch

2 cucharadas de margarina ligera, a temperatura ambiente

2 paquetes de crema de plátano instantáneo (1 onza), sin azúcar y sin grasa, o bien mezcla para pudín de vainilla

2 cucharadas de leche en polvo sin grasa

2 tazas de leche fría sin grasa

2 plátanos maduros, pelados y cortados en trozos

2 tazas de yogur de vainilla sin azúcar y sin grasa.

1. Coloca una parrilla en el tercio inferior del horno y calienta a 325° F (Aproximadamente 160° C).

2. Coloca el cereal en un procesador de alimentos dotado de una cuchilla para picar y actívalo hasta moler fino, cerca de 30 segundos. Agrega la margarina y procesa hasta que comience a formarse una bola de masa suave. Vierte la masa en una charola para hornear pasteles de 9 pulgadas de diámetro, y presiónalo hasta formar una pasta

regular en el fondo y los bordes de la charola.
Otra opción consiste en colocar el cereal en una
bolsa de plástico, extraer el aire y sellar la bolsa.
Utilizando un rodillo o la base de una sartén pesada y grande, pulveriza el cereal hasta lograr la
textura deseada, dando vueltas a la bolsa frecuentemente para que el cereal quede molido de manera uniforme. Coloca el cereal en un tazón mediano y mézclalo con la margarina, utilizando un
cuchillo para pasteles o dos tenedores, hasta que
la mezcla comience a formar una masa. Coloca la
masa en la charola de hornear de la manera
indicada anteriormente.

3. Coloca la mezcla para pudín y la leche en polvo en un tazón grande. Vierte la leche y bate por 1
minuto. Agrega los trozos de plátano y continúa
batiendo hasta que se espese ligeramente, cerca
de 1 minuto más. Vierte la mezcla en la charola
para hornear y refrigera hasta que se asiente, cerca de 2 horas. El pastel puede ser guardado en el
refrigerador, bien cubierto, hasta por 3 días.

4. Justo antes de servir distribuye el yogur sobre
el pastel de manera regular, para formar una cubierta cremosa.

Pastel de camote

Análisis Nutrimental

Calorías	208
Proteínas	7 g
Carbohidratos	43 g
Grasa total	2 g
Grasa saturada	0 g
Colesterol	54 mg
Fibra	4 g
Azúcares	3.5 g
Sodio	449 mg

Cada porción cuenta como 1 carbohidrato feculento. También incluye una cantidad insignificante de proteína y de producto lácteo bajo en grasa en cada porción.

Si recuerdas mi evaluación nutrimental en *La solución definitiva al sobrepeso: Siete claves para alcanzar tu peso ideal*, formulé la pregunta: "Durante la semana, ¿Cuántas raciones de naranja, verduras o fruta amarillas ingieres?" Si respondiste "tres o más", eso sería un buen indicador de que estás obteniendo suficiente vitamina A y otros nutrientes protectores de la naranja, verduras o fruta amarillas. Si tu resultado es inferior al mencionado, tienes una deficiencia y necesitas mejorar tu nutrición. Una forma de lograr lo anterior consiste en servir este platillo sureño, un delicioso pastel de camote que te proporciona mucha nutrición y sabor.

8 porciones

3 camotes medianos (cada uno de aproximadamente 8 onzas)
2 tazas de cereal Grape Nuts
1/2 taza de jarabe de arce sin azúcar
2 huevos grandes, a temperatura ambiente
1/2 taza de leche evaporada sin grasa
Sustituto de azúcar granulada, equivalente a 2 cucharadas de azúcar (consulta la etiqueta del paquete)
Sustituto de azúcar morena granulada, equivalente a 2 cucharadas de azúcar (ver nota 1)
1/2 cucharadita de jengibre molido
1/2 cucharadita de canela molida
1/2 cucharadita de sal

1. Coloca una parrilla en el centro del horno y calienta a 400° F (Aproximadamente 200° C)

2. Coloca los camotes en una plancha de hornear con bordes y hornea hasta que se suavicen, por cerca de 1 hora. Deja enfriar por 20 minutos. Reduce la temperatura del horno a 350° F (Aproximadamente 175° C)

3. Mezcla el cereal y el jarabe de arce en un tazón mediano. Coloca la mezcla en una charola para hornear pasteles de 9 pulgadas, para formar una masa uniforme a lo largo del fondo y los lados de la charola, pero sin rebasar los bordes; la masa que no toque el relleno puede quemarse al hornear.

4. Corta los camotes enfriados a la mitad y extrae con una cuchara el interior, más suave, para colocarlo en un tazón grande. (Debes obtener 2 tazas de camote; guarda cualquier excedente en el refrigerador para utilizarlo en algún otro platillo). Vierte los huevos, la leche evaporada, los sustitutos de azúcar, el jengibre, la canela y la sal, y bate hasta que quede licuado. Vierte la mezcla con cuidado en la charola de pastel que has preparado, sin afectar la masa.

5. Hornea hasta que se asiente, por 45 minutos. Enfría en una parrilla por al menos 30 minutos antes de servir. (Es posible que aparezcan algunas cuarteaduras en la superficie mientras se enfría). Una vez que se haya enfriado totalmente, el pastel puede ser almacenado, sin cubrir, a temperatura ambiente por hasta 12 horas, o bien puede ser refrigerado, cubierto herméticamente, hasta por 3 días.

Nota 1: Es posible encontrar el sustituto de azúcar morena granulada en el anaquel de productos para hornear de la mayoría de los supermercados. Si no puedes encontrarlo, utiliza únicamente el sustituto de azúcar granulada regular (el equivalente total de 3 cucharadas de azúcar en la receta).

Nota 2: Los camotes pueden ser colocados sobre una plancha para obtener las gotas de los jugos de caramelo que dejará escapar mientras los horneas. Si cubres la plancha con papel aluminio te será más fácil limpiar.

Pastel de saltamontes

Análisis Nutrimental	
Calorías	242
Proteínas	13 g
Carbohidratos	46 g
Grasa total	1 g
Grasa saturada	0 g
Colesterol	0 mg
Fibra	3 g
Azúcares	6 g
Sodio	492 mg

Cada porción cuenta como 1 carbohidrato feculento. También incluye una cantidad insignificante de proteína y de producto lácteo bajo en grasa en cada porción.

Pocos postres son tan ricos o elegantes como el pastel de saltamontes, otro platillo favorito del sur de Estados Unidos. Con tan sólo unos cuantos ajustes a la receta, esta versión es mucho más esbelta que la original, de manera que puedas disfrutarla y al mismo tiempo mantener el curso para obtener tus metas de bajar de peso.

8 porciones

2 tazas de cereal Grape Nuts
1/2 taza de jarabe de chocolate sin azúcar
1 paquete de tofú ligero extra firme (12.3 onzas), cortado en cubitos
4 cucharadas de leche en polvo sin grasa
2 1/2 tazas de leche sin grasa
1/2 cucharadita de extracto de menta o de extracto de yerbabuena
3 gotas de colorante verde para alimentos
1 paquete (1 onza) de mezcla para preparar pudín instantáneo de vainilla, sin azúcar y sin grasa
1 paquete (1.4 onzas) de mezcla para preparar pudín instantáneo de chocolate, sin azúcar y sin grasa

1. Coloca una parrilla en el centro del horno y calienta a 350° F (Aproximadamente 175° C)

2. Mezcla el cereal y el jarabe de chocolate en un tazón grande y coloca la mezcla en una charola para hornear pastel de 10 pulgadas, hasta formar una masa regular que cubra el fondo y los lados de la charola, sin rebasar los bordes. Hornea por 10 minutos. Coloca la charola en una parrilla para enfriar; con ayuda del reverso de una cuchara de madera, presiona la masa contra la charola, y enfría por 1 hora.

3. Coloca la mitad del tofú (cerca de 6 1/8 onzas), 2 cucharadas de leche en polvo, 1 1/4 de taza de leche sin grasa, el extracto de menta y el colorante verde en una licuadora grande o en un procesador de alimentos dotado de una cuchilla para picar. Activa el procesador o la licuadora hasta licuar, cerca de 30 segundos. Agrega la mezcla para preparar pudín de vainilla y licua o procesa hasta que se espese ligeramente, por 20 segundos; a continuación vierte la mezcla en la charola del pastel. Limpia y seca la licuadora o el procesador de alimentos y las cuchillas.

4. Coloca el resto del tofú, las 2 cucharadas restantes de leche en polvo y la 1 1/4 de taza de leche en la licuadora o el procesador de alimentos y licua por cerca de 30 segundos. Agrega la mezcla para preparar pudín de chocolate y licua o procesa por 20 segundos. Vierte cuidadosamente esta mezcla sobre la mezcla de pudín verde para formar una segunda capa de relleno.

5. Refrigera hasta que se asiente, por cerca de 2 horas. El pastel puede ser almacenado en el refrigerador, bien cubierto, hasta por 2 días. Sirve frío.

Parfait de vainilla y naranja

ANÁLISIS NUTRIMENTAL

Calorías	200
Proteínas	11 g
Carbohidratos	38 g
Grasa total	1 g
Grasa saturada	0 g
Colesterol	0 mg
Fibra	1 g
Azúcares	6 g
Sodio	465 mg

Cada porción cuenta como 1 fruta, 1/4 de producto lácteo bajo en grasa, y una cantidad insignificante de proteína vegetariana.

Si cuando eras niña te gustaba el helado de vainilla cubierto con sorbete de naranja, te encantará reencontrarlo en estas páginas como *parfait* bajo en grasa, sin azúcar. El tofú rico en proteínas toma el lugar de la crema para crear un postre que es ligero pero que te dejará satisfecha.

4 porciones

1 paquete (0.3 onzas) de gelatina de naranja sin azúcar
1 taza de agua hirviente
1 taza de jugo de naranja
1/2 paquete (12.3 onzas) de tofú ligero firme (es decir, cerca de 6 1/8 onzas)
1 1/4 de taza de leche sin grasa
2 cucharadas de leche en polvo sin grasa
1 paquete (1 onza) de mezcla para preparar pudín instantáneo de vainilla, sin azúcar y sin grasa
1 cucharadita de extracto de vainilla
2 latas (11 onzas) de gajos de mandarina empacadas en su jugo, drenadas.

1. Coloca la gelatina en un tazón mediano y vierte el agua hirviente hasta que se disuelva. Vierte el jugo de naranja y a continuación vierte la mezcla en una charola para hornear de 8 pulgadas. Refrigera hasta que quede firme, por cerca de 4 horas.

2. Entretanto coloca el tofú, la leche y la leche en polvo en una licuadora o en un procesador de alimentos dotado con una cuchilla para moler. Activa el procesador o la licuadora hasta obtener un

licuado, cerca de 30 segundos. Agrega la mezcla para preparar pudín y la vainilla, y licua hasta que se espese ligeramente, por 20 segundos. Vierte la mezcla en un tazón grande y refrigera hasta que quede firme, por cerca de 2 horas.

3. Corta la gelatina en cuadritos de aproximadamente 2.5 cm. Coloca 8 cuadros en el fondo de cuatro glases de *parfait* o en vasos para servir agua, grandes. Cubre cada uno con 1/4 de taza de pudín, y a continuación 3 cucharadas de gajos de mandarina. Repite el proceso con los 8 cuadritos adicionales de gelatina y 1/4 de taza de pudín. Cubre con los gajos de mandarina restantes. Sirve inmediatamente o cubre y refrigera hasta por 2 días.

Parfait de cereza y vainilla

Análisis Nutrimental

Calorías	139
Proteínas	7 g
Carbohidratos	26 g
Grasa total	1 g
Grasa saturada	0 g
Colesterol	2 mg
Fibra	0 g
Azúcares	0 g
Sodio	553 mg

Cada porción cuenta como 1/2 producto lácteo bajo en grasa y 1 fruta. Existe una cantidad insignificante de proteína vegetariana en esta receta.

He aquí un postre fácil de preparar que tiene un aspecto tan agradable como su sabor. Es perfecto para ofrecerlo a las visitas o la familia. Los *parfaits* son ligeros y te harán sentir satisfecha, de manera que no comas demasiado cuando llegue el momento de los postres.

8 porciones

1 paquete de tofú ligero extra firme (12.3 onzas)
3 tazas de leche sin grasa
1/3 de taza de leche en polvo sin grasa
1 cucharadita de extracto de vainilla
2 paquetes (1 onza) de mezcla para preparar pudín instantáneo de vainilla, sin azúcar y sin grasa
1/2 cucharadita de sal
1 lata de relleno de pastel de cereza sin azúcar (20 onzas)

1. Coloca el tofú, la leche, la leche en polvo y la vainilla en una licuadora o en un procesador de alimentos dotado con una cuchilla para moler, y obtén un licuado en cerca de 30 segundos. Agrega la mezcla para preparar pudín y la sal, raspa los bordes del recipiente y mezcla o procesa hasta que se espese ligeramente, cerca de 20 segundos. Pasa la mezcla a un tazón y refrigera por 1 hora.

2. Coloca capas del pudín y del relleno de pastel de cereza en 8 vasos de *parfait*, comenzando con una capa del pudín (2 a 3 cucharadas), seguido de una capa de relleno de pastel (cerca de 1 cucharada) y continúa hasta que tengas 3 capas de cada uno. Cubre los vasos con envoltura de plástico y enfría por al menos 1 hora, o hasta por 2 días.

Pastel de dulce de café

ANÁLISIS NUTRIMENTAL

Calorías	157
Proteínas	14 g
Carbohidratos	23 g
Grasa total	1 g
Grasa saturada	0 g
Colesterol	1 mg
Fibra	0.5 g
Azúcares	0 g
Sodio	420 mg

Cada porción cuenta como aproximadamente 1/4 de proteína vegetariana y 1/4 de producto lácteo bajo en grasa.

Este postre rico y cremoso no sólo satisfará tu antojo de chocolate, sino que también ofrece cierto número de ventajas nutrimentales, desde la proteína de costo de respuesta alto y beneficios altos del tofú hasta el calcio de la leche, óptimo para crear masa ósea y quemar la grasa. El contenido de café instantáneo de hecho intensifica el sabor del chocolate.

4 porciones

1/2 paquete (12.3 onzas) de tofú ligero extra firme (es decir, cerca de 6 1/8 onzas)

2 tazas de leche sin grasa

1/4 de taza de leche en polvo sin grasa

1 cucharada de café exprés en polvo, instantáneo (ver nota)

1 paquete (1.4 onzas) de mezcla para preparar pudín instantáneo de chocolate, sin azúcar y sin grasa.

Yogur congelado sabor vainilla, sin grasa y sin azúcar, opcional

Fruta fresca, como cerezas, fresas o frambuesas, opcional

1. Coloca el tofú, la leche, la leche en polvo y el café instantáneo en una mezcladora o en un procesador de alimentos dotado de una cuchilla para moler y activa el procesador o la licuadora hasta que la mezcla quede suave y cremosa, por 30 segundos. Agrega la mezcla de pudín y licua o procesa hasta que se espese ligeramente, cerca de 20 segundos.

2. Pasa la mezcla a 4 recipientes para pastelillos o tazas para servir y refrigera al menos por 2 horas antes de servir. El pudín puede ser elaborado con anticipación y almacenado, bien cubierto, en el refrigerador, hasta por 3 días.

3. Si deseas mejorar aún más el postre, puedes agregar una capa de yogur de vainilla sin grasa y sin azúcar, y adornar con fruta fresca como cerezas, fresas o frambuesas.

Nota: El café exprés instantáneo se encuentra en el anaquel de bebidas o café de muchos supermercados. Para obtener mejor sabor, almacena en el congelador una vez que abras el tarro. Si utilizas café instantáneo en esta receta, asegúrate de que sea en polvo o de que se disuelva completamente en la leche antes de agregar la mezcla del pudín.

Pastel de calabaza

ANÁLISIS NUTRIMENTAL

Calorías	107
Proteínas	6 g
Carbohidratos	15 g
Grasa total	2 g
Grasa saturada	1 g
Colesterol	6 mg
Fibra	0 g
Azúcares	0 g
Sodio	208 mg

Cada porción cuenta como aproximadamente 1/4 de carbohidrato feculento y 1/2 producto lácteo bajo en grasa. Existe una cantidad insignificante de proteína procedente del sustituto de huevo en esta receta.

Cuando necesites preparar un postre que sea del agrado de tu familia y amigos durante las festividades, considera este pastel conveniente, que puede ser preparado con anticipación, de sabor delicioso por el arce y las especias. Una sola porción proporciona más de la mitad de tus requerimientos diarios de vitamina A.

6 porciones

1 1/2 tazas de calabaza empacada sólida (no uses relleno de pastel de calabaza)
1 taza de leche evaporada sin grasa
3/4 de taza de sustituto de huevo pasteurizado
1/2 taza de jarabe de arce sin azúcar
Sustituto de azúcar granulada equivalente a 1/4 de taza de azúcar (consulta la etiqueta del producto)
2 cucharadas de leche en polvo sin grasa
2 cucharaditas de extracto de vainilla
1 cucharadita de especias para pastel de calabaza

1. Coloca una parrilla en el centro del horno y calienta a 350° F (Aproximadamente 175° C)

2. Mezcla todos los ingredientes en un tazón grande y bate hasta que quede suave y cremosa. Divide la mezcla de manera equitativa en 6 recipientes para pastelillos adecuados para hornear.

3. Coloca los recipientes para pastelillos en una plancha o charola y hornea hasta que se infle y asiente, por 35 minutos. (Los pastelillos todavía

deben temblar cuando los agites). Enfría en una parrilla al menos por 15 minutos antes de servir. Los pastelillos pueden ser almacenados, cubiertos, en el refrigerador hasta por 2 días.

Plátanos horneados

Análisis Nutrimental

Calorías	171
Proteínas	1 g
Carbohidratos	44 g
Grasa total	1 g
Grasa saturada	0 g
Colesterol	0 mg
Fibra	3 g
Azúcares	0 g
Sodio	176 mg

Cada porción cuenta como 1 fruta.

He aquí un postre de frutas tan sencillo que puede estar en el horno mientras cenas, así que reserva un poco de espacio para él. La dulzura natural de los plátanos hace que tengan un sabor exquisito, sin excepciones. Para mejorarlo aún más, sirve los plátanos con yogur congelado de vainilla o leche helada sin azúcar y sin grasa.

4 porciones

4 hojas de papel aluminio (aproximadamente 30 cm)

4 plátanos grandes, maduros, pelados, partidos a la mitad en sentido longitudinal, y luego en sentido transversal

1/4 de taza de jalea de albaricoque

1 cucharadita de extracto de vainilla

1 cucharadita de extracto de ron, opcional

1/2 cucharadita de canela molida

1/2 cucharadita de sal

1. Coloca una parrilla en el centro del horno y calienta a 500° F (Aproximadamente 260° C)

2. Coloca las hojas de papel aluminio sobre la mesa, y pon un plátano partido en 4 partes en cada hoja. Agrega 1 cucharada de la jalea de albaricoque, 1/4 de cucharadita de extractos de

vainilla y ron (si los usas), 1/8 de cucharadita de canela y 1/8 de cucharadita de sal. Envuelve los paquetes y colócalos en una plancha de hornear grande, con bordes.

3. Hornea hasta que queden suaves, por 10 minutos. Coloca los paquetes en 4 platos para servir y deja reposar, cerrados, a temperatura ambiente por 3 minutos antes de servir. Asegúrate de ayudar a tus hijos a abrir las envolturas porque el vapor que desprenden puede estar muy caliente.

Peras escalfadas

ANÁLISIS NUTRIMENTAL

Calorías	175
Proteínas	0 g
Carbohidratos	44 g
Grasa total	0 g
Grasa saturada	0 g
Colesterol	0 mg
Fibra	4 g
Azúcares	19 g
Sodio	10 mg

Cada porción cuenta como 2 frutas.

Las peras destacan entre las frutas porque ofrecen una gran cantidad de fibra. Esto es importante porque la fibra es un aliado en el control de peso que estabiliza el azúcar en tu sangre y promueve la sensación de satisfacción que hará que tengas menos posibilidades de comer de más. Si cuentas con más fibra en tu dieta, estarás en el camino correcto para lograr un cuerpo más sano y en forma. Esta receta está tomada de un postre clásico francés, sazonado con clavo y canela para obtener un sabor refrescante.

4 porciones

4 peras firmes, peladas y sin semillas (ver nota)
1 lata (15 onzas) de concentrado de jugo de uva blanca, sin endulzantes, congelada, descongelada
4 clavos enteros
1 ramita de canela (10 cm)

1. Combina todos los ingredientes en una olla grande, y agrega suficiente agua para cubrir las peras. Lleva al punto de hervir sobre fuego a nivel medio alto. Cubre con un plato o tapa de sartén para evitar que las peras floten. Reduce el nivel de la flama, a bajo y hierve hasta que las peras estén suaves cuando las pinches con la punta de un cuchillo, cerca de 30 minutos.

2. Utiliza una cuchara con ranuras para pasar las peras a un tazón grande. Eleva la flama a nivel medio alto y hierve el jarabe hasta que se reduzca a 2/3 y se espese ligeramente, cerca de 12 minutos. Retira los clavos y la ramita de canela. Vierte el jarabe sobre las peras y refrigera al menos por 2 horas.

3. Sirve cada pera con 2 cucharadas de jarabe. Si están en un recipiente hermético, las peras y el jarabe pueden ser almacenadas en el refrigerador hasta por 3 días.

Nota: Pelar las peras no representa un problema, excepto que debe hacerse justo antes de cocerlas o de lo contrario cambiarán de color y se tornarán café. Remover las semillas es algo distinto. La mejor manera de hacerlo es utilizar una cuchara para formar bolas de melón y comenzar por el lado inferior, es decir, el más ancho. Puedes cortar con la cuchara para llegar al centro de la pera, y hacer girar la cuchara en el agujero hasta que retires las semillas. Ten cuidado de no afectar la cáscara.

Compota de frutas frescas

Análisis Nutrimental

Calorías	154
Proteínas	1 g
Carbohidratos	38 g
Grasa total	0 g
Grasa saturada	0 g
Colesterol	0 mg
Fibra	3 g
Azúcares	5 g
Sodio	12 mg

Cada porción cuenta como
1 fruta.

El gran contenido de fibra de las frutas frescas pueden ayudar a controlar tu peso, así como a disminuir el riesgo de numerosas enfermedades que ponen en peligro la vida. Sé que sigo insistiendo en el valor de la fibra, pero es un componente importante para lograr una salud óptima. Si lo deseas, cubre cada porción de esta maravillosa compota de frutas con yogur de vainilla sin azúcar y sin grasa, o yogur congelado. Puedes comprar la fruta seca a granel en los mercados especializados en alimentos o en la mayoría de las tiendas naturistas.

6 porciones

10 mitades de albaricoque secos, de preferencia de la variedad "California".

5 ciruelas pasa, sin semilla, partidas a la mitad

5 anillos de manzana seca, cortados en cuartos

3 mitades de durazno seco, cortadas en trozos grandes

2 higos secos, de preferencia negros, sin tallo y partidos a la mitad

3 tazas de jugo de manzana sin endulzante

1/4 de taza de pasas

4 clavos enteros

1 ramita de canela (10 cm)

Cáscara de 1 limón

1. Mezcla todos los ingredientes en una olla grande y lleva al punto de hervir sobre fuego medio-alto. Cubre, reduce la flama a baja y continúa hirviendo lentamente hasta que la fruta se ablande,

por 30 minutos. Retira la olla de la estufa y deja que la mezcla se enfríe a temperatura ambiente, durante 1 hora.

2. Pasa la mezcla y el jarabe a un tazón grande. Cubre bien y almacena en el refrigerador hasta por 1 semana. Retira la rama de canela y los clavos enteros antes de servir.

Helado de fresa

ANÁLISIS NUTRIMENTAL

Calorías	157
Proteínas	4 g
Carbohidratos	29 g
Grasa total	4 g
Grasa saturada	1 g
Colesterol	10 mg
Fibra	4 g
Azúcares	3 g
Sodio	206 mg

Cada porción cuenta como 1 fruta y 1 producto lácteo bajo en grasa.

¿A quién no le gusta el helado como postre? Prueba esta versión ligera, diseñada para una dieta más saludable con fresas ricas en vitamina C y yogur congelado que no te dejará sentimiento de culpa. La receta puede ser duplicada o triplicada para las fiestas y las reuniones en días festivos.

4 porciones

1 cuarto de galón (32 onzas) de fresas, sin cáscara y cortadas en cuartos
1/3 de taza de concentrado de jugo de uva sin endulzante, congelado, descongelado
1 cucharada de jugo de limón recién exprimido
Sustituto de azúcar granulada equivalente a 1 cucharada de azúcar (consulta la etiqueta del producto)
1/4 de cucharadita de sal
1 pinta de yogur de vainilla congelado sin grasa, sin azúcar

1. Coloca las fresas, el concentrado de jugo de uva, el jugo de limón, el sustituto de azúcar y la sal en una olla grande a fuego alto. Lleva la mezcla al

punto de hervir, reduce la flama a baja y continúa hirviendo sin cubrir, hasta que se espese ligeramente para lograr la consistencia de una jalea ligera, por cerca de 15 minutos. Pasa la mezcla a un tazón mediano y enfría a temperatura ambiente, por cerca de 1 hora. Cubre y almacena en el refrigerador hasta por 1 semana.

2. Justo antes de servir coloca 1/2 taza de yogur congelado en cada uno de los 4 tazones y cubre cada porción con 1/4 de la mezcla (un poco menos de 1 taza).

Gelatina de lima y cereza

Análisis Nutrimental

Calorías	138
Proteínas	4 g
Carbohidratos	30 g
Grasa total	1 g
Grasa saturada	0 g
Colesterol	1 mg
Fibra	1 g
Azúcares	0 g
Sodio	76 mg

Cada porción cuenta como 1 fruta. Esta receta incluye también una cantidad insignificante de producto lácteo bajo en grasa.

Basado en una antigua receta favorita de fuente de sodas, este postre de frutas puede ser elaborado con anticipación de manera que esté listo cuando lo desees; es perfecto para esos días atareados cuando tú literalmente no tienes mucho tiempo disponible para preparar la comida. Esta receta puede ser duplicada fácilmente, pero si lo haces asegúrate de utilizar un molde de gelatina de 2 cuartas.

4 porciones

1 paquete (0.3 onzas) de gelatina de lima, sin azúcar.

1 taza de agua hirviente

1 taza de soda lima-limón sin azúcar

1 1/2 tazas de cerezas dulces sin semillas, enlatadas (sin endulzantes), drenadas; o 1 1/2 tazas de cerezas dulces sin semillas congeladas (sin endulzantes), descongeladas

1/2 taza de yogur de cereza sin azúcar y sin grasa

2 cucharaditas de cáscara de lima rallada

1. Coloca la gelatina en un tazón grande, vierte el agua hirviente y agita hasta que se disuelva. Vierte la soda lima-limón y refrigera hasta que se espese ligeramente, cerca de 1 hora.

2. Vierte las cerezas, y distribuye la mezcla en 4 moldes de taza de gelatina. Refrigera hasta que se asiente, por cerca de 2 horas más.

3. Sirve cada porción con 2 cucharadas de yogur de cereza y 1/2 cucharadita de cáscara de lima rallada espolvoreada en la parte superior.

Días festivos y ocasiones especiales

Ahora es tiempo de referirnos específicamente a los días festivos, las fiestas y otras ocasiones especiales; esos momentos dedicados a comer, beber y pasarla bien, en que eres más vulnerable al peligro de expulsar la pérdida de peso de tu lista de prioridades y suspender todas las reglas, porque te dices a ti misma que está bien consentirte un poco. Por una parte, es un hecho que tendemos a ganar algunos kilos de más durante los días festivos. Sin embargo, hay buenas y malas noticias en esa frase. Primero las buenas noticias: un estudio reciente, conducido por los institutos nacionales de salud de Estados Unidos, ha descubierto que la gente generalmente tiende a ganar tan sólo poco más de una libra entre el Día de Acción de Gracias y el día de Año Nuevo. Así que es posible que no subas tanto de peso durante las festividades como pensabas que lo hacías. La mala noticia es que, de acuerdo con el mismo estudio, si no tomas medidas para evitar subir de peso durante las festividades, no perderás ese peso durante el año sino que se acumulará con el paso del tiempo y puede ser un factor de importancia que contribuye a la obesidad.

Mantener el curso durante los días festivos y las ocasiones especiales puede ser un reto a menos que tengas una estrategia para enfrentar las circunstancias. Lo que puedes modificar es la manera en que preparas tus comidas durante los días festivos y las fiestas, y eso puede ser tan sencillo como modificar las recetas al utilizar sustitutos bajos en grasa o con bajo contenido de azúcar en vez de ingredientes que te hacen engordar. Permite que este capítulo sea tu guía. Aquí descubrirás maneras deliciosas de cocinar cierto número de menús espectaculares para hacer más sencillo tu trayecto durante esos tiempos de tentación, y lo que es más importante, permitirte disfrutar tus tradiciones y las ocasiones en que tus seres queridos se reúnen.

"Dip" de tofú al curry

Análisis Nutrimental

Calorías	37
Proteínas	4 g
Carbohidratos	4 g
Grasa total	1 g
Grasa saturada	0 g
Colesterol	1 mg
Fibra	0 g
Azúcares	1 g
Sodio	197 mg

Cada porción cuenta como una porción muy pequeña (cerca de 1/8) de proteína vegetariana.

Ya sea que lo sirvas para tus visitas o sólo como bocadillo, este "dip" casi sin grasa es nutritivo y está lleno de sabor. Sírvelo con vegetales cortados en trozos o con pan árabe de trigo entero sin grasa, cortado en triángulos.

8 porciones

1 paquete (12.3 onzas) de tofú ligero extrafirme, cortado en trozos
1/2 taza de crema ácida sin grasa, o de yogur natural sin grasa
2 cucharadas de concentrado de jugo de manzana o de piña congelado, descongelado
1 cucharada de curry en polvo
1 cucharadita de jugo de limón recién exprimido
1/2 cucharadita de sal

1. Mezcla todos los ingredientes en una licuadora grande o en un procesador de alimentos dotado de una cuchilla para moler. Licua o procesa hasta que se vuelva cremosa, por cerca de 1 minuto, raspando los bordes del recipiente de ser necesario.

2. Pasa la mezcla a un tazón para servir y sirve inmediatamente, o bien cubre y refrigera por hasta 3 días (permite que la mezcla vuelva a la temperatura ambiente antes de servir).

Pechuga de pavo a la naranja

Análisis Nutrimental

Calorías	167
Proteínas	29 g
Carbohidratos	10 g
Grasa total	5 g
Grasa saturada	0 g
Colesterol	48 mg
Fibra	0 g
Azúcares	0 g
Sodio	147 mg

Cada porción cuenta como 1 proteína

Si deseas celebrar el Día de Acción de Gracias, o cualquier otro día festivo, sin todas las calorías y las grasas tradicionales pero con los platillos tradicionales, éste es el lugar indicado. Esta pechuga de pavo al horno, cubierta con una salsa muy sabrosa, es el aperitivo perfecto para los días festivos que te ayudará a mantener tus metas de control de peso.

10 porciones

1/2 taza de consomé de pollo sin sal, sin grasa
1/2 taza de mermelada de naranja sin azúcar
1 cucharada de mostaza de Dijon
1 cucharada de salsa de soya baja en sodio
Aerosol para freír, de preferencia de aceite de oliva
1 pechuga de pavo (3 libras) sin pellejo y sin hueso (ver nota)

1. Coloca una parrilla en el centro del horno y calienta a 325° F (Aproximadamente 160° C). Mezcla el consomé, la mermelada, la mostaza y la salsa de soya en una olla pequeña colocada a fuego medio. Cuando la mezcla comience a hervir, cubre la olla y apártala de la estufa.

2. Cubre ligeramente una sartén con teflón con aerosol para freír y colócala a fuego medio-alto. Dora el pavo por todas partes, dando vuelta conforme sea necesario, por 5 minutos. Pasa el pavo a una charola para hornear lo suficientemente grande para contenerla de manera segura, y con un poco de espacio para los jugos y la salsa. Vierte

la mezcla caliente del consomé sobre el pavo y cubre con papel aluminio.

3. Hornea por 1 hora. Retira el papel aluminio y continúa hirviendo. Unta los jugos de la charola en el pavo cada 5 minutos con una cuchara hasta que se dore, cerca de 30 minutos. Un termómetro instantáneo insertado en la parte más gruesa del pavo debe registrar 170° F (Aproximadamente 76° C). Si los jugos de la charola comienzan a secarse, agrega más consomé, conforme sea necesario. Permite que el pavo repose a temperatura ambiente por 5 minutos antes de cortar. Si lo deseas, recoge los jugos de la charola y sírvelos a un lado del pavo.

Nota: En ocasiones venden la pechuga de pavo para hornear atada pero con el pellejo intacto. De ser así, desata la carne y retira el pellejo, y luego vuelve a atar la pechuga con cordel de carnicero. Si mantienes la carne del pavo atada de esta manera permites que conserve su forma cuando la horneas. También puedes pedirle al carnicero que haga esto por ti.

Aderezo de salchichas

ANÁLISIS NUTRIMENTAL

Calorías	142
Proteínas	13 g
Carbohidratos	12 g
Grasa total	5 g
Grasa saturada	0 g
Colesterol	40 mg
Fibra	2 g
Azúcares	0 g
Sodio	755 mg

Cada porción cuenta como 1 vegetal no feculento, 1/2 cabohidrato feculento y una porción parcial (2 onzas) de proteína

Las recetas de aderezos para días festivos han pasado tradicionalmente de generación en generación, con muy pocas variaciones. Esta receta, con niveles reducidos de grasa saturada y calorías, es una excepción. Esperamos que la utilices para comenzar una nueva tradición que celebre la buena salud durante las festividades.

8 porciones

Aerosol para freír

1 libra de salchicha de pavo sin grasa, sin las cubiertas de plástico

1 cebolla mediana, cortada en trocitos

1 pimiento verde sin núcleo y sin semillas, cortado en trocitos

1 diente de ajo picado

3 tallos de apio, cortados en rebanadas delgadas

6 onzas de tallos de champiñón, lavados y cortados en rebanadas delgadas (cerca de 3 1/2 tazas)

4 rebanadas de pan duro, de trigo entero (nota 1)

3/4 de taza de consomé de pollo sin sal y sin grasa

1/4 de taza de sustituto de huevo pasteurizado

2 cucharditas de salvia

2 cucharaditas de tomillo seco

1 cucharadita de sal, o menos, para dar sabor

1/2 cucharadita de pimienta negra recién molida.

1. Calienta el horno a 325° F (Aproximadamente 160° C)

2. Rocía una sartén grande con teflón con el aerosol para freír y coloca a fuego de nivel medio. Desme-

nuza las salchichas y cuécelas, removiendo frecuentemente hasta que se doren, por 3 minutos. Coloca las salchichas y los jugos acumulados en la olla en una coladera puesta sobre el fregadero para drenar.

3. Vuelve a colocar la sartén a fuego medio y agrega la cebolla, el pimiento y el ajo. Cuécelos y agita hasta que se suavicen, durante 2 minutos. Agrega el apio y cocina por 1 minuto más, agitando frecuentemente. Añade los champiñones y cuece, agitando de vez en cuando, hasta que dejen escapar su jugo y éste se cristalice, dejando la sartén casi seca, cerca de 5 minutos. Pasa la mezcla a un tazón grande y vierte la salchicha, desmenuzando para que se integre de manera regular con los vegetales.

4. Corta las rebanadas de pan en trocitos de aproximadamente 1 cm y viértelos en el tazón. Vierte el consomé, el sustituto de huevo, la salvia, el tomillo, la sal y la pimienta (ver nota 2).

5. Rocía una charola para hornear de aproximadamente 25 x 35 cm con aerosol para freír y vierte el aderezo.

6. Hornea hasta que se dore, durante 40 minutos. Deja reposar 5 minutos antes de servir.

Nota 1: El pan duro no se desintegrará tan rápidamente como el pan fresco cuando se humedezca con el consomé y los vegetales. La noche anterior a la preparación de esta receta deja las rebanadas al aire libre.

Nota 2: Si deseas obtener un aderezo más dulce, vierte también 1/3 de taza de pasas y 1 pequeña manzana, del tipo "Granny Smith", pelada, sin semillas y cortada en trozos.

Puré de papas con romero

Este platillo reconfortante es transformado en una guarnición saludable al agregar crema ácida sin grasa o leche evaporada sin grasa. Al utilizar romero fresco le proporcionarás al puré de papas un sabor maravilloso que permitirá que definitivamente no eches de menos la salsa "gravy".

8 porciones

2/3 de taza de consomé de pollo o de vegetales, sin sal y sin grasa

2 cucharadas de romero fresco, picado

6 papas para hornear grandes, de preferencia rojas, peladas y cortadas en trozos de aproximadamente 2.5 cm

1/3 de taza de crema ácida sin grasa, a temperatura ambiente, o 1/3 de taza de leche evaporada sin grasa

2 cucharaditas de mostaza de Dijon

1/2 cucharadita de sal

Paprika dulce o pimienta negra recién molida, para dar sabor

1. Coloca el consomé y el romero en una olla pequeña a fuego alto. Lleva la mezcla al punto de hervir, cubre y retira del fuego. Déjala a un lado.

2. Coloca las papas en una olla grande y cubre con agua hasta una profundidad de aproximadamente 5 cm. Haz hervir a fuego alto. Cubre parcialmente, reduce el fuego a medio-bajo y hierve hasta que las papas estén cocidas, por cerca de 15 minutos. Drena.

3. Coloca las papas en un tazón grande y haz el puré con un pasapurés o una mezcladora eléctrica a máxima velocidad. Vierte la mezcla de consomé y romero, y a continuación la crema ácida o la leche evaporada, la mostaza y la sal. Pasa el puré a un tazón mediano y agrega la paprika o la pimienta negra molida antes de servir.

Vegetales asados

Análisis Nutrimental

Calorías	98
Proteínas	3 g
Carbohidratos	15 g
Grasa total	4 g
Grasa saturada	0.5 g
Colesterol	0 mg
Fibra	4 g
Azúcares	1 g
Sodio	373 mg

Cada porción cuenta como 1 vegetal no feculento.

Asar los vegetales hace que destaque lo mejor de su valor nutrimental. Debido a que son atractivos para todos, los vegetales asados son la guarnición perfecta para las fiestas. Prepara una gran cantidad y colócalos sobre una mesa de buffet para que tus invitados se sirvan lo que gusten.

8 porciones

1 colinabo (nabo sueco), pelado y cortado en cubos de 2.5 cm

1 nabo grande, pelado y cortado en cubos de 2.5 cm

2 tazas de zanahorias pequeñas

2 tazas de pequeñas coles de Bruselas (nota 1)

2 cucharadas de aceite de oliva

1 cucharadita de sal

1/2 cucharadita de pimienta negra recién molida

3 cucharadas de jarabe de arce sin azúcar

1. Calienta el horno a 400° F (Aproximadamente 200° C)

2. Mezcla el colinabo, el nabo, las zanahorias pequeñas y las coles de Bruselas en un tazón grande

y vierte el aceite de oliva, la sal y la pimienta. Transfiere a una plancha o charola para asar. Utiliza una espátula de hule para raspar el tazón y retirar el aceite, la sal y la pimienta; esparce los restos sobre los vegetales.

3. Hornea, removiendo cada 10 minutos para impedir que se peguen, hasta que se doren y se vuelvan suaves, cerca de 1 hora y 10 minutos.

4. Vierte el jarabe de arce en la charola y mezcla los vegetales asados (ver nota 2). Pasa toda la mezcla a un tazón para servir y vierte los jugos restantes en la charola sobre los vegetales.

Nota 1: Para lograr una cocción más precisa y regular, haz una pequeña "equis" con un cuchillo para pelar en el tallo de cada col de Bruselas.

Nota 2: Si deseas un aderezo agridulce, agrega 1 cucharada de vinagre de sidra al aceite y esparce sobre los vegetales.

Aperitivo de camarones y alcachofas

Análisis Nutrimental

Calorías	69
Proteínas	6 g
Carbohidratos	9 g
Grasa total	0 g
Grasa saturada	0 g
Colesterol	18 mg
Fibra	3 g
Azúcares	0 g
Sodio	288 mg

Cada porción cuenta como 1 vegetal no feculento. Esta receta también contiene una cantidad insignificante de proteína.

Este aperitivo innovador y creativo es muy fácil de preparar para las fiestas y puede ser elaborado con anticipación con el fin de evitar las prisas de último minuto. La receta puede ser duplicada o triplicada en caso de que tengas muchos invitados.

6 porciones

1 1/4 de cucharadita de pasta de "wasabi" preparada (ver nota 2)

12 partes inferiores de alcachofas enlatadas en agua, drenados y lavados (ver nota 1)

12 camarones de coctel cocidos, pelados y desvainados (cerca de 1/2 libra)

12 tiras de alga "nori" (alga japonesa seca), cortada en trozos de aproximadamente 20 cm de largo por 1 cm de ancho (ver nota 2)

3 cucharaditas de vinagre de arroz o vinagre de vino blanco (ver nota 2)

1. Unta aproximadamente 1/4 de cucharadita de "wasabi" en cada corazón de alcachofa y coloca encima un camarón.

2. Humedece una de las puntas de una tira de "nori" y enrolla la alcachofa y el camarón, presionando las puntas para sellarlo de manera que la "nori" contenga el camarón en su interior. Rocía 1/4 de cucharada de vinagre y repite el proceso con los demás ingredientes. Sirve inmediatamente.

Nota 1: Utiliza la parte inferior de la alchachofa, en vez de los corazones de alcachofa que son más conocidos. Es posible adquirir la parte inferior de las alcachofas en las tiendas de alimentos italianos o en los supermercados.

Nota 2: Varios de los ingredientes de esta receta pueden no ser conocidos para ti. La pasta de "wasabi" es elaborada con la raíz machacada de los rábanos japoneses. Las tiras de alga "nori" son elaboradas con algas secas moldeadas como hojas tan delgadas como el papel. El vinagre de arroz es un vinagre claro, creado a partir de arroz. Los tres ingredientes pueden ser adquiridos en todos los mercados de productos asiáticos, en casi todas las tiendas naturistas y en muchos mercados de alimentos especiales, así como en la sección de productos asiáticos de algunos supermercados.

Cordero de pascua con pesto de menta

ANÁLISIS NUTRIMENTAL

Calorías	259
Proteínas	36 g
Carbohidratos	2 g
Grasa total	11 g
Grasa saturada	4 g
Colesterol	110 mg
Fibra	0.5 g
Azúcares	0 g
Sodio	382 mg

Cada porción cuenta como 1 proteína

Servir cordero como una fuente de proteína sin grasa es una acción inteligente, debido a que tiene un alto contenido de vitaminas B, hierro y cinc, así como una cantidad sorprendentemente baja de calorías. En esa receta el cordero es untado con una pasta de yerbas especial que acentúa y hace destacar el delicado sabor de la carne. Esta receta es perfecta para la Pascua o para una comida de ocasión especial para la familia o los invitados.

8 porciones

2 dientes de ajo partidos en cuartos
1 taza de hojas de menta frescas, empacadas
1 taza de hojas de albahaca fresca, empacadas
1/2 taza de agua
3 cucharadas de almendras rebanadas
2 cucharaditas de cáscara de limón rallada
1 cucharadita de sal
1/2 cucharadita de pimienta negra recién molida
1 pata de cordero (3 libras), sin hueso (cerca de 1/2
    pata, ver nota 1), cortada por un lado
Cordel de carnicero

1. Coloca una parrilla en el centro del horno y calienta a 350° F (Aproximadamente 176° C)

2. Coloca todos los ingredientes, excepto el cordero, en una licuadora o un procesador de alimentos dotado de una cuchilla para moler, actívalo, raspando los bordes del recipiente de ser necesario, hasta que la mezcla está relativamente licuada, pero ligeramente granulosa, por 1 minuto.

3. Coloca la pata de cordero sin hueso en una superficie de trabajo y unta el lado que ha sido cortado con la mezcla de pesto, distribuyendo de manera regular a lo largo de la carne y aplicando un poco de masaje para ablandarla. Enrolla la pata y átala con cordel de carnicero en dos o tres sitios para asegurarte de que está firme, especialmente en las puntas.

4. Coloca la pata en una charola para hornear y déjala en el horno hasta que un termómetro instantáneo instertado en la parte más gruesa de la carne registre 140° F (Aproximadamente 60° C)

para lograr un "término medio" o 155° F (Aproximadamente 68° C) para lograr un "término tres cuartos" (ver nota 2). Retira la carne del horno, envuélvela en papel aluminio y deja reposar a temperatura ambiente por 5 minutos. Retira el cordel de carnicero y córtala.

Nota 1: La pata de cordero se vende frecuentemente cortada y atada. Si la tuya no ha sido cortada (es decir, abierta para mostrar la mayor cantidad de superficie posible), pide a tu carnicero que lo haga, pero no dejes que la ate. El carnicero puede venderte el cordel para que tú la ates en casa, o puedes comprar el cordel en la mayoría de las tiendas de artículos para cocinar. No utilices cordel de colores que contienen tinturas que no necesariamente son comestibles y que pueden marcar la carne.

Nota 2: Si no deseas tomarte la molestia de atar la carne, simplemente hornéala. Para lograr lo anterior, no untes la mezcla del pesto en el cordero. En vez de hacerlo, calienta el horno y rocía una charola para hornear con aerosol para freír. Espolvorea 1 cucharadita de sal, 1/2 cucharadita de pimienta negra recién molida y el jugo de 2 limones sobre la carne. Coloca la pata de cordero cortada en la charola, con el lado del corte hacia arriba, aproximadamente a 15 cm de la fuente de calor, y hornea por 10 minutos. Dale vuelta y hornea durante 12 minutos, o hasta que la temperatura interna registre la cantidad indicada en la receta. Sirve el pesto de menta a un lado.

Huachinango asado

Este sabroso huachinango asado es un platillo impresionante cuando se sirve como aperitivo en una fiesta. También debes tener en cuenta lo siguiente: Si comes pescado al menos una vez a la semana, ayudas a disminuir tu presión sanguínea, triglicéridos y colesterol, por lo que reduces el riesgo de padecer enfermedades del corazón.

4 porciones

1 huachinango entero (4 libras), con 3 incisiones
    en la piel de cada costado (ver nota 1)
1/2 taza de hojas de cilantro fresco, empacadas
3 cebollinos, tanto la parte blanca como la verde,
    cortados en trozos de aproximadamente 5 cm
1/4 de jengibre fresco pelado y cortado en trocitos
2 cucharadas de salsa de soya baja en sodio
1 cucharada de vinagre de arroz o vinagre de vino
    blanco
1 cucharadita de aceite de ajonjolí tostado

1. Coloca aproximadamente 2.5 cm de agua en un horno holandés grande. Retira la tapa y la base de dos latas de atún vacías limpias (dejando sólo el anillo) y colócalas en el horno holandés. O corta una papa para hornear grande y cruda en 3 anillos de aproximadamente 5 cm y colócalos en el horno holandés.

2. Coloca el pescado en un platón resistente al calor que quepa cómodamente en el horno holandés (corta la cola de ser necesario; la cabeza puede sobresalir ligeramente por un lado). Mete las

hojas de cilantro en el pescado y distribuye los cebollinos y el jengibre sobre el pescado. Coloca el plato en las latas o en las papas previamente dispuestas en el horno holandés.

3. Pon el horno holandés a fuego medio-alto y haz hervir el agua. Cubre la olla y prepara el pescado hasta que esté suave, por cerca de 10 minutos. Retira el fuego y deja reposar, cubierto, por 5 minutos.

4. Con ayuda de guantes protectores, retira el plato de la olla. Drena cualquier líquido que haya en el plato, espolvorea el pescado con salsa de soya, vinagre y aceite de ajonjolí, y sirve inmediatamente (ver nota 2), con una cucharada de hierbas y especias y cualquier salsa en el plato.

Nota 1: Existen dos reglas que debes seguir al comprar pescado fresco. En primer término, huélelo. Debe tener un aroma a limpio y fresco. En segundo lugar, revisa los ojos. Deben ser claros y brillantes, no opacos. Las manchas de sangre no tienen importancia si son de un rojo brillante, no coaguladas y oscuras.

Nota 2: La manera más fácil de servir este pescado es en el mismo plato que se utilizó para asarlo. Para servir, utiliza primero un cuchillo grande para hacer un corte en el costado del cuerpo, exactamente donde se encuentra la columna (es decir, cerca de 1 cm de la parte superior del pescado si estuviera nadando en el agua). No cortes la columna. A continuación, realiza un corte horizontal a lo largo de la parte superior del pescado hasta la columna, y retira el lomo y las espinas dorsales que se encuentran fijas al mismo. Desliza un tenedor grande o una espátula delgada bajo la carne y levanta el filete superior, y divide en dos secciones para servir dos porciones. Retira los huesos al jalar la cola y levantar la columna, así como todas las espinas del filete inferior, con lo que también levantarás la cabeza del pescado. Divide el filete inferior en dos mitades para servir dos porciones. Colocar platos de cena calientes en la mesa es una buena manera de mantener el pescado caliente hasta la hora de comerlo.

Soufflé de brócoli

Análisis Nutrimental

Calorías	125
Proteínas	12 g
Carbohidratos	13 g
Grasa total	3 g
Grasa saturada	1 g
Colesterol	114 mg
Fibra	1 g
Azúcares	0 g
Sodio	482 mg

Cada porción cuenta como 1 vegetal no feculento y 1/2 producto lácteo bajo en grasa. También cuenta como 1 huevo, así que asegúrate de tomar eso en cuenta si estás monitoreando tu ingestión de huevo durante la semana.

Aunque este delicioso y nutritivo *soufflé* de brócoli es un platillo excelente para una cena especial, también es una gran elección para un Comida casual. Prueba a servirlo con ensalada de fruta fresca o verduras mezcladas para obtener una comida completa, o acompáñalo con cualquiera de los platillos principales de este libro.

4 porciones

Aerosol para freír

2 yemas de huevo grandes

1/2 libra de brócoli congelado, descongelado

1 cucharadita de sal

1/2 cucharadita de pimienta negra recién molida

1/4 de cucharadita de nuez moscada recién molida o rallada

2 tazas de leche sin grasa

2 cucharadas de harina de trigo entero

4 claras de huevo grandes

1. Coloca una parrilla en el centro del horno y calienta a 375° F (Aproximadamente 190° C). Aplica el aerosol para freír en un plato para *soufflé* de 8 tazas o en una caserola redonda de bordes altos, y colócalo a un lado. Pon las yemas de huevo en un tazón mediano, bate ligeramente y déjalas a un lado.

2. Coloca el brócoli en un procesador de alimentos dotado de una cuchilla para moler o en una licuadora grande y haz un licuado. Mezcla la sal, la pimienta y la nuez moscada, y colócalo a un lado.

3. Haz hervir 1 1/2 tazas de leche en una olla grande colocada sobre fuego de nivel medio-alto. Entretanto, bate la restante 1/2 taza de leche y la harina de trigo entero en un tazón pequeño hasta que se licue. Bate la mezcla de harina con la leche caliente, y continúa calentando, batiendo constantemente, hasta que hierva y se espese, cerca de 20 segundos.

4. Bate la mitad de la mezcla de leche caliente con las yemas de huevo, y a continuación bate esa mezcla de huevo en la olla con el resto de la mezcla de leche. Cuece por 10 segundos. Retira inmediatamente la olla del fuego y vierte el puré de brócoli. Transfiere la mezcla a un tazón grande y deja reposar por 5 minutos.

5. Con una mezcladora eléctrica a velocidad alta, bate las claras de huevo en un tazón grande y limpio hasta que se formen grumos.

6. Con ayuda de una cuchara de madera o una espátula de hule, vierte la mitad de las claras de huevo batidas en la mezcla del brócoli. A continua-

ción diluye las claras de huevo restantes moviendo la cuchara en arcos grandes y regulares con el fin de no aplastar las claras. Agita hasta que se incorporen; aún habrá algunas secciones de clara en el tazón. Transfiere con cuidado la mezcla al plato de *soufflé* preparado o la cacerola.

7. Hornea hasta que se esponje y se dore ligeramente, por cerca de 45 minutos. Sirve inmediatamente.

Ponche de frutas para las fiestas

ANÁLISIS NUTRIMENTAL

Calorías	130
Proteínas	1 g
Carbohidratos	32 g
Grasa total	0 g
Grasa saturada	0 g
Colesterol	0 mg
Fibra	0.5 g
Azúcares	0 g
Sodio	7 mg

Cada porción cuenta como 1 1/4 de frutas.

Este ponche frío y refrescante es perfecto para las fiestas y reuniones del verano. Sírvelo como un sustituto saludable para el alcohol, que interfiere con la capacidad de tu cuerpo para quemar grasa de manera eficiente, y debe ser evitado cuando tratas de bajar de peso.

16 porciones

4 tazas de jugo de uva sin endulzante
1 lata (15 onzas) de concentrado de jugo de piña
    sin endulzante, congelado, descongelado.
1 lata (15 onzas) de concentrado de jugo de naranja sin endulzante, congelado, descongelado.
2 botellas (1 litro) de agua de Seltz sabor frambuesa (de preferencia clara)

1. Vierte el jugo de uva en charolas para preparar hielo (ver nota) y congela, al menos por 4 horas, o a lo largo de la noche anterior.

2. Mezcla los concentrados de jugo de piña y naranja y el agua de Seltz en una ponchera

grande. Agrega los cubos de hielo de jugo de uva y sirve inmediatamente (Si no tienes una ponchera, sirve en vasos grandes).

Nota: Si enfrías primero el jugo de uva, obtendrás cubos de hielo más claros que son menos resistentes a estrellarse. Para lograr una presentación más elegante, coloca 1 frambuesa en cada cubito de hielo antes de agregar el jugo de uva. Cada cubito tendrá entonces una pequeña frambuesa parecida a una joya en el centro.

"Sidra" especial

ANÁLISIS NUTRIMENTAL

Calorías	148
Proteínas	0.5 g
Carbohidratos	35 g
Grasa total	0 g
Grasa saturada	0 g
Colesterol	0 mg
Fibra	0 g
Azúcares	0 g
Sodio	7 mg

Cada porción cuenta como 1 fruta.

Reúnanse en torno de la chimenea con una taza de esta sidra especial, sazonada con clavo, canela y nuez moscada. Bebe sorbos pequeños y lentos para disfrutar de una bebida invernal más satisfactoria. Duplica o triplica esta receta cuando tengas la casa llena de invitados.

4 porciones

2 naranjas
1 cucharada de clavos enteros
1 cuarta de jugo de manzana sin endulzante
2 ramitas de canela (10 cm)
1/2 cucharadita de extracto de ron, opcional
Nuez moscada recién molida o rallada, opcional

1. Inserta los clavos enteros en las naranjas, y a continuación corta las naranjas en cuartos. Coloca los cuartos de naranja, el jugo de manzana, las ramitas de canela y el extracto de ron, en caso de que lo utilices, en una olla grande colocada a fue-

go medio-alto y lleva al punto de hervir. Cubre, reduce el fuego a bajo y deja cocer por 10 minutos.

2. Retira los pedazos de naranja y clavo y las ramas de canela. Vierte la sidra en tarros y remata cada bebida con un poco de nuez moscada, si lo deseas. Sirve inmediatamente.

Té de especias

Algunos de los momentos de obsequios más significativos pueden comenzar en tu propia cocina con recetas deliciosas como este té de especias. Esta mezcla especial puede ser elaborada y empacada en tarros decorativos como regalos para los familiares y amigos que aprecias. Adquiere el té a granel en tiendas de descuento.

1 libra de hojas de té negro, como las variedades "Príncipe de Gales", "Oolong", "Ceylon", "Darjeeling", "Desayuno Inglés" ó "Desayuno Irlandés", regular o descafeinado.
1 cucharada de clavos enteros
2 cucharadas de cáscara de naranja seca
10 vainas de cardamomo
3 ramitas de canela (10 cm), cortadas en pequeños trocitos

Combina todos los ingredientes en un tazón grande o un recipiente de metal con tapa y almacena, cerrado herméticamente, en un sitio frío y oscuro. Saca el té conforme lo necesites en cualquier momento, ya sea para una sola taza de té (1 cucharadita de la mezcla de té rinde cerca de 1 taza) o para empacar en tarros decorativos para regalar.

Vinagre provenzal

Durante las festividades, no existe una regla que establezca que debes hornear galletas o elaborar dulces como regalos (y por lo tanto colocarte en la posición de tentación potencial de comer mucho de lo que preparas). En vez de lo anterior, intenta algo diferente, como este maravilloso vinagre con sabor. Puede ser utilizado con cualquier ensalada, con verduras asadas o preparadas al horno, incluso con carne a la parrilla o asada, ya sea de res, de cordero o de puerco. Elabora el vinagre varios meses antes de las fiestas o tenlo a la mano para darlo como regalo de cumpleaños. Puedes utilizar cualquier tipo de envase, desde tarros con tapas hasta elegantes botellas que venden en las tiendas de artesanías, ¡Incluso botellas de salsa de tomate lavadas a las que hayas retirado la etiqueta! Puedes comprar el vinagre al granel en la mayoría de los almacenes.

Por botella

1 limón entero
4 ramas de tomillo
4 cerezas
2 hojas de romero
2 hojas de laurel
3 dientes de ajo
Vinagre de vino blanco o de vino rojo para llenar
    la botella.

1. Retira la cáscara del limón con un pelador y córtalo en tiras largas. (Envuelve y refrigera el limón para utilizarla en otra ocasión.)

2. Coloca las yerbas, el ajo y la cáscara del limón en un tarro o en otra botella decorativa y llénalo con el vinagre, dejando un espacio de aproximadamente 1 cm en la parte superior. Cierra el recipiente y colócalo en un sitio frío y oscuro al menos por 2 semanas y hasta por 6 meses.

Epílogo

Este libro de recetas constituye mi esfuerzo para ayudarte a encontrar nuevas y mejores maneras de preparar alimentos de manera que puedas lograr un peso saludable y mantenerte en él. Si has leído este libro y probado las recetas y técnicas de cocinar que te ofrezco, ahora tendrás algunas herramientas valiosas para hacer algo positivo por tu salud. Aprende estas herramientas y técnicas. Haz que formen parte de tu manera de cocinar y de nutrir a tu familia, y reconstruye tu propia salud y vitalidad.

Recuerda que te encuentras en el camino para cambiar, reprogramar y seguir una estrategia en tu vida para lograr lo que quieres. Cuando comiences a hacer incluso ajustes muy graduales a la manera en que comes y cocinas, tu peso comenzará a cambiar y tú avanzarás mucho para protegerte de algunos problemas de salud muy serios.

Puedes comenzar con nuestras recetas, adaptarlas, incluso agregar algunas de tus propias recetas. Experimenta. Sé creativa. Diviértete, porque comer en función de tu salud no significa que dejes de comer por el placer de hacerlo. Mientras más alimentos nuevos pruebes, más satisfactoria y exitosa será tu jornada encaminada a liberarte de los problemas de peso. Y avanzarás mucho en lo que se refiere a crear una experiencia de salud y bienestar que no has podido lograr hasta ahora.

Cada vez que haces una elección inteligente en lo relacionado con la comida, cada vez que preparas recetas por su valor nutrimental, cada vez que decides vivir con salud y bienestar, te vuelves más fuerte y la siguiente elección inteligente relacionada con tu salud se volverá mucho más fácil de hacer. Tú misma serás la más beneficiada por este cambio positivo, y la vida que has estado viviendo se transformará para mejorar.

Si te colocas como el foco de tus esfuerzos para cambiar, y utilizas las siete claves para liberarte de los problemas del peso, promoverás la vida que quieres tener y te convertirás en la persona saludable y en forma que eres capaz de ser. Sigue intentándolo y haz tu mejor esfuerzo. Lo mereces.

Tablas de conversión de Medidas

Líquidos

Tazas, cuartas, onzas, libras y sus equivalentes métricos

Fórmulas de conversión. Para convertir: de cuartas a litros, multiplica las cuartas por 0.94635; de litros a cuartas, multiplica los litros por 1.056688; de onzas a mililitros, multiplica las onzas por 29.573; de militros a onzas, multiplica los mililitros por 0.0338.

Equivalentes (con el equivalente más aproximado entre paréntesis)

Tazas y cucharas	Cuartas y onzas	Equivalentes métricos
4 1/3 tazas	1 cuarta 2 onzas (1.056 cuartas)	1 litro 1000 mililitros
4 tazas	1 cuarta	1 litro menos un decilitro
2 tazas más 2 1/2 cucharadas	17 onzas (16.907)	1/2 litro
2 tazas	1 pinta 16 onzas	1/2 litro menos 1 1/2 cucharadas
1 taza más 1 1/4 cucharada	8 onzas (8.454)	1/4 litro
1 taza	8 onzas	1/4 litro
1/3 taza más 1 cucharada	3 1/2 onzas (3.381)	1 decilitro 1/10 litro 100 mililitros
1/3 de tasa	2 2/3 onzas	1 decilitro menos 1 1/3 cucharadas
3 1/3 cucharadas	1 3/4 onzas (1.690)	1/2 decilitro 50 mililitros
1 cucharada	1/2 onzas	15 mililitros 15 gramos
2 cucharaditas	1/3 onza	10 mililitros 10 gramos
1 cucharadita	1/10 onzas	5 mililitros, 5 gramos

Temperatura de horno estadounidense vs. Centígrados

Grados Fahrenheit	Grados Centígrados
160	71
212	100
221	105
225	107
230	121
300	149
302	150
350	177
375	190
400	205
425	218
475	246
500	260
525	274
550	288

Peso

Fórmulas de conversión. Para convertir onzas en gramos, multiplica las onzas por 28.3495. De gramos a onzas, multiplica los gramos por 0.35274.

Libras y onzas	Sistema métrico
2.2 libras	1 kilogramo
	1000 gramos
1.1 libras	500 gramos
1 libra (16 onzas)	464 gramos
9 onzas	250 gramos
1/2 libra (8 onzas)	227 gramos
4 3/8 de onza	125 gramos
1/4 de libra (4 onzas)	114 gramos
3 1/2 onzas	100 gramos
2 2/3 onzas	75 gramos
1 3/4 onzas	50 gramos
1 onza	30 gramos (28.3 gramos)
1 onza escasa	25 gramos
1/2 onza	15 gramos
1/3 onza	10 gramos
1/6 onza	5 gramos

La solución definitiva al sobrepeso: Recetario se terminó de imprimir en abril de 2005, en Grupo Caz, Marcos Carrillo 159, Col. Asturias, C.P. 6580, México, D.F.